작 은

일 기

작은
———
일기

황정은 에세이

차례

그 밤에 ················ 7

너무 고마운 사람 ················ 37

만세, 하고 부르면 ················ 61

물 떨어지는 소리에 ················ 93

입에서 나오는 말 ················ 121

알아보고 눈치채는 마음 ················ 149

세상의 모든 아침 ················ 173

후기 ················ 189

그 밤에

— **12월 3일 화요일** 오후 다섯시 사십오분

세면대 밸브에서 물 새는 걸 발견했다.

집수리 기술자에게 연락하니 다른 집 일을 보고 있어 바로 방문하기가 어렵다며 내가 직접 조치할 수 있는 일을 알려주었다. 내일 오후에 방문하겠다는 약속을 받았다.

단편을 이어 썼다. 한달 뒤 마감엔 탈 없이 맞출 수 있을 것 같다. 기온이 많이 떨어져서 책상 근처가 춥다. 손가락을 덥히려고 커피를 세잔째 마시고 있다. 어젯밤엔 의성어가 엄청나게 많이 등장하는 소설을 쓰고 괴로워하는 꿈을 꾸었다. 제임스 조이스의 소설을 잠시 뒤져본 흔적일까. 이디스 워튼의 『이선 프롬』민음사 2020을 읽기 시작했다. 도입부에서 관찰자의 시선으로 묘사된 이선 프롬의 고독과 고립에 마음 아팠다. 눈과 고독, 고립된 삶. 내가 아는 겨울을 닮은 이야기들에 마음이 흔들린다. 이번 겨울엔 소설을 많이 읽고 싶다.

번역서 두권을 주문하는 김에 귤을 샀다. 지난달에 백두대간수목원을 방문하고 들은 이야기도 곧 원고로 정리해야 한다. 오늘은 원고지 다섯매를 썼는데 밤에 한번 더 보면서 다듬고 싶다.

오후 열시 이십삼분
계엄.

— **12월 4일 수요일** 오전 아홉시 십사분

김보리는 출근했다.

네시간쯤 잤을까. 새벽에 눕자마자 잠들었다.

나도 잤다. 짧은 잠.

— 오후 열한시 구분

낮에 비상시국대회가 열린다는 소식을 듣고 국회 앞으로 갔다.

전철을 타고 가는데 몸이 떨렸다.

집수리 기술자에게 연락했다. 오늘 갑자기 외출할 일이 생겼다 메시지를 보내고 다음 주로 다시 약속을 받았다.

국회의사당역 6번 출구로 나가 국회 정문을 통과했다. 날이 맑고 문이 열려 있고 사람들이 아무런 저지 없이 안으로 들어가고 있었다. 너무 평화롭고 선명해 보여 현실 같지 않았다. 잔디 마당을 가로질러 국회 계단을 향해 갔다. 사람이 이미 많이 모여 있었다. 자리를 잡지 못해 계단 위쪽으로 올라갔다. 국회의사당이 등 뒤에 있었다.

(한번도 돌아보지 않았다. 그걸 오늘 알았다.)12월19일 부기

 계단을 오르기 전에 전장연전국장애인차별철폐연대 사람들을 보았는데 그들 일행이 꼭대기쯤에도 모여 있었나보다. 사회를 맡은 김성회 의원이 맨 뒷자리 사람들에게 사진 촬영을 하는 동안 플래카드를 내려달라고 말했다. "장애인도 시민으로 이동하는 시대로." 플래카드를 읽으며 배려와 협조를 부탁하는 태도는 우아했지만 그의 지적 이후로 계단에 모인 사람들 사이에 소란이 일었다. 앞쪽을 향해 소리를 지르는 사람이 있었고 뒤쪽을 향해 평화롭게 하자고 쏘아붙이는 사람이 있었다. 고함과 비웃음이 오갔다. 성난 표정으로 돌아보는 앞사람의 얼굴을 보았다. 평화롭게 하자고 거듭 소리 지르는 그에게 소리 지르지 말라고 외치다가 뒤쪽을 향한 말로 들릴까 싶어 입을 다물었다. 왜 그런 말투로 평화를 요구할까. 수많은 시민을 담은 이 자리가 왜 저 정도 입장과 말을 담지 못할까. 화가 났다. 사람들이 싫었다. 사람들이 안쓰러웠다. 계속 가슴에 통증을 느끼며 사람들을 노려보았다. 이게 뭐지, 생각했다. 눈이 아플 정도로 사

방이 선명해 보였는데 마음이 곤죽이었다. 나만 그랬을까. 모두가 곤두선 마음.

　국회의원이든 시민이든 그 자리에 모인 사람 중에 절박하지 않은 이가 있었을까. 나도 계엄에 반대하고 윤석열의 탄핵과 구속을 간절히 바라며 서 있었지만, 윤석열과 그가 초래한 국가 상태를 묘사하려고 '정상'과 '비정상'을 반복해 말하는 몇몇 연설은 집중해 듣기가 어려웠다. 이 사회의 정상성 기준으로 불편과 부당을 겪는 사람들, 소수자들도 여기 있는데 별 조심성 없이 그 말들이 사용되고 있었다. 선 자리가 따끔했고, 뒤쪽 눈치가 보였다. 하지만 지금 이 불편함을 말할 수 있을까, 지금은 그래도 되는 시간일까. 2016년 광화문에서 한 생각을 2024년 국회 앞에서도 했다. 스스로를 비겁하다고 느꼈다.

　대회가 끝나고 잔디 마당 곁을 지날 때 앞서 걷는 사람의 코트에 붙은 낙엽을 보았다. 작은 단풍잎들. 털어줘야 할까, 하지만 예뻐서 아까웠다. 망설이기만 했다. "털어드려야 될 것 같은데, 너무 예뻐서 아까워요." 다른 이가 그에게 건네는 말을 들었다. 그게 기뻤다. 내게 예쁜 것이 그에게도 예뻤다는 게. 웃었다. 간밤 이후 처음으로 긴장이 풀어졌다.

더불어민주당, 조국혁신당, 개혁신당, 진보당, 기본소득당, 사회민주당 등은 오늘 여의도에서 시국대회를 마친 뒤 대통령 탄핵안을 국회에 제출했다.

— **12월 5일 목요일** 오후 세시 이십구분

원고를 보다가 헬기 소리를 듣고 놀라 베란다로 나갔다.

파주에서 서울 방향으로 날아가는 군용 헬기를 보았다.

그거 한대인지, 더 있는지를 알려고 사방을 둘러보다가 눈물이 터졌다.

원고로 돌아갈 수 없어 일기로 들어왔다.

오늘 뭔가를 쓸 수 있을까.

— **12월 7일 토요일** 오전 네시 삼십오분

어제 일12월 6일 금요일.

오후가 되어서야 원고 앞에 앉았는데 2차 계엄 조짐이 있다는 속보를 셋째가 보내왔다. 보자마자 일어났다. 모자, 목도리를 챙겼는데 주민등록증을 찾지 못했다. 어느 주머니에도 없어 당황했다. 여권도 찾지 못해 신분증 없이 집을 나섰다. 가지고 다닌 적도 별로 없으면서 오늘은 주머니에 그게 없다는 이유로 불안을 느꼈다. 혹시 몰라 여의도 가는 길이라고 메시지를 보내두었다. 김보리가 혼자 가지 말라고, 조퇴할 테니 당산에서 만나자고 답신을 보내왔다.

국회 정문 앞에 사람들이 모여 있었다. 그 속에 섞여 "윤석열을, 반란수괴, 내란수괴"를 "체포하라"고 몇시간 외치다가 목이 쉬었다. 그 자리에서 줄곧 "반란수괴"로 선창을 한 사람이 있었는데 그의 목소리가 몹시 갈라져 있었다. 고통스러울 것 같았는데 그는 구호를 쉬지 않았다. "내란수괴"까지는 (이제) 낯익어도 "반란수괴"라는 말이 낯설었다. 나중에 집에 돌아와 찾아보니 군법으로 더 엄하게 죄를 묻는 말인 것 같았다. 그가 구호를 단념하지 않아 김보리와 나도 그 자리에 있었다. 의사당대로 쪽에도 사람이 많이 모였다는 건 나중에 알았다. 김보리와 나는 경의중앙선 막차 시간에 자리를 떴다. 사람들과 바짝 붙어 서 있을 때에는 춥지 않았는데 무리에서 떨어져 걷기 시작하자 영하의 기온이 느껴졌다. 밤을 새울 작정인지 바닥에 앉거나 누운 사람들이 있었다. 새벽이 더 위험하지 않을까. 이렇게 두고 가도 되나. 마음이 괴로웠지만 밤을 버틸 자신이 없었다. 집으로 돌아오는 전철을 탔다.

날이 밝으면 또 나가야 해 단편 원고를 열었다. 세 줄 썼다. 장편은 끊어진 부분에서 더 잇지 못하고 있다. 답신을 써야 한다. 국회방송을 틀어두었다. 불 꺼진 본회의장 의석 모니터가 전부 켜져 있다. 민주당 의원들이 국회를 떠나지 못하고 있다. 생각이 끊임없어 글이 자꾸 끊긴다.

지금 바깥이 몹시 춥다.

— **12월 8일 일요일** 오전 두시 이분

어제 일12월 7일 **토요일.**

국회에서 김건희 특검법과 윤석열 탄핵안 투표가 있었다.

김보리와 파주에서 여의도로 정오쯤 출발했다. 대곡역을 지나고 디지털미디어시티역을 지나고 홍대입구역에 이를 때까지 타는 사람만 있고 내리는 사람이 없었다. 백마역으로 들어설 때 이미 만차였다. 옆에 선 노인이 휴대전화를 떨어뜨려 내가 주워 건넸다. 윤석열을 응원하는 유튜브 채널이 화면에 떠 있는 걸 보았다. 출입문 근처에서 지금 광화문으로 나오라고 전화를 돌리는 중년 여성이 있었다. 그 말고는 다들 말없이 서서 갔다. 연령대가 다양했다. 홍대입구에서 그 많은 사람이 한꺼번에 내려 2호선으로 환승하는 길로 갔다. 국회의사당역에 전철이 서지 않는다는 소식이 있어 당산역에서 바깥으로 나갔다. 낙엽이 남은 한적한 길을 수많은 사람과 걸었다. 아파트 상가 상인들이 길가로 나와 여의도로 가는 사람들을 바라보았다. 뒤를 돌아보니 끝이 없었다.

올림픽대로를 건너는 육교를 통해 여의도로 들어갔다. 좁은 인도에 갇혀 있다가 국회대로가 시민들에게 더 넓게 열린 뒤 도로로 내려갔다. 국회 정문 근처에 앉았는데 화곡동에서 출발한 둘째와 셋째를 만날 수 있을 것 같지 않았다. 전화도 인터넷도 연결되지 않았다. 통신 기지국의 문제일까, 국가 폭력의 조짐일까. 그런 의심을 했다. 2016년, 광장에서 갑자기 통신이 끊기면 바로 그 자리에서 달아나라는 조언이 온라인에 공유된 적 있었다. 그럴 리 없다, 그때엔 덤덤하게 생각했지만 오늘은 그럴 수 없었다. 12월 3일 밤 이후로 무엇을 상상하든 과하지 않은 일이 되어버렸다.

옆자리 중년 여성에게 말린 망고를 나눠 받았다. 투표를 사십분 앞둔 시점부터 그는 무대를 향해 탄핵하라, 그것만 하자고 외치고 있었다. "탄핵하라고 해! 탄핵하라, 그것만 하자고!" 나도 조바심이 나 시계를 자꾸 들여다보았다. 국회를 향해 돌아서서 소리 지르고 싶었다. 하지만 내 앞에 앉은 사람도 뒤에 앉은 사람도 다 이걸 견디며 앉아 있다고 생각하며 조바심과 불안을 눌렀다.

페미당당 심미섭 활동가가 페미니즘과 성소수자를 주제로 발언하는 동안엔 사람들 호응이 거의 없었다. 김보리와 내가 앉은 자리가 유난히 그랬는지도 모르겠다. 내게 망고를 나눠준 여성이 혀를 찼다. 여기서 저런 얘기를 왜 하느냐고 중얼거리더니 점점 목소리를 높였다. 어느 순간 참지 못하고 그의 무릎에 손을 올렸다. 그러지 마시라고, 여기 다양한 사람이 모여 있고 무슨 얘기든 할 수 있는 자리라고 말했다. 주변이 조용해 이 정도 말을 하는데 용기가 필요했다. 용기씩이나 필요할 일인가. 겁인지 분노인지 심장이 너무 뛰어서 외롭고 서러웠다. 내 자리가 아닌 곳에 앉았다는 감각, 그보다는 김보리와 내가 위험해질 수도 있다는 두려움. 그는 무뚝뚝한 얼굴로 나를 보더니 고개를 돌려버렸다.

2024년 12월 7일 오후 5:37

분노한, '우리'로 단일하다고 간주하는 집단 안에서

느끼는 불편함과 소외감.

소수를 향한 다수의 불편.

너무 많은 사람들 틈에서 강화되는

정상성 요구, 단일한 집단이 되려는 욕구.

모두의 삶에 영향을 미치는 일로 광장에 모인 거대한 집단이

보수적인 정상성을 추구하고자 할 때

단지 그 자리에 섞여 있다는 것만으로도

안전하지 않다고 느끼고,

닥치라는 분노의 대상이 되는 것을 쓸 것.

특히나 분노한 사람들 속에서.

탄핵안 표결에 앞서 김건희 특검법이 안건으로 올라와 표결에 들어갔다. 우원식 국회의장이 결과를 발표하다 말고 침묵했다. 숨죽이고 발표를 기다리던 사람들 사이에 안타까워하는 신음이 번졌다. 부결. 김건희 특검법을 막으러 의사당으로 들어온 국민의힘 의원들은 대통령 탄핵안이

상정되자마자 의사당을 빠져나가기 시작했다. 국회대로에 침묵이 흘렀다.

"더 걸리겠네." "다음 주에 또 와야겠네." 몇 사람이 중얼거렸고 그 뒤로 많은 이가 입을 다물고 자리에서 일어났다. 국민의힘 의원들은 이것을 알까. 지금 일어선 시민들에겐 그들이 의사당으로 돌아올 거라는 기대가 없음을. 이 차가운 침묵과 단념이 국민의힘 자신들에게 얼마나 무서운 일인지를.

자리를 떠난 의원들 이름을 부르며 기다렸지만 여당 쪽에선 두 사람 말고는 아무도 돌아오지 않았다. 정족수가 부족해 탄핵소추안은 폐기되었다.

망고를 준 옆 사람이 보온병에서 오미자차를 따라 나눠주었다. 옆 사람과 같이 왔느냐고 묻더니 한잔을 더 따라주었다. 김보리는 그걸 마시지 않고 자기 옆 사람에게 건넸다. 화난 얼굴.

전철역으로 내려가서야 동생들과 통화할 수 있었다. 둘

째와 셋째가 역 저편에서 터덜거리며 걸어왔다. 실망한 얼굴들이라 안쓰러웠다. 그들이 보기에도 마찬가지였나보다. 만나자마자 가방을 뒤적이더니 김보리와 내 입에 먹을 걸 넣어주었다. 함께 전철을 타려고 플랫폼으로 내려갔으나 사람이 너무 많았다. 지상으로 올라가 걸어서 여의교를 건넜다. 당산역에서 늦은 저녁을 먹었다.

12월 3일 밤, 계엄 뉴스를 보고 하혈했다는 셋째 이야기를 오늘에야 들었다.

동생들은 그 밤에 언니들, 여의도에 갔느냐고 묻지 않는다. 우리도 말하지 않는다.

— **12월 10일 화요일** 오후 아홉시 구분

오전에 집수리 기술자가 젊은 수습생을 데리고 왔다. 세면대 수도를 새것으로 바꿔 달았다. 조용하고 꼼꼼하게 일하는 기술자였다. 약속을 바꾼 것은 내 쪽인데 늦게 와 미안하다며 품삯을 덜 받겠다고 했다. 그러지 마시라고, 내 아버지도 기술자라서 품삯은 깎고 싶지 않다고 대답했다. 그래도 삼만원이나 덜 받았다.

현관에서 배웅하는데 그가 잠시 머뭇거리더니 토요일에 결과가 실망스러워서 어떡하느냐고 말했다. 현관에 붙은 손팻말을 본 것 같았다. 자기는 처음엔 홧김에 계엄을 선포한 줄 알았는데 매일 나오는 뉴스를 보니 너무 무섭다고 했다. 보통 일이 아니라고. 그렇죠, 무섭죠, 보통 일이 아니죠. 실망했다는 말을 하기는 싫어서 그냥 웃었다. 또 가죠 뭐.

쓰기와 읽기에 집중하기가 어렵다. 불안하고 걱정이 되어 유튜브에 접속하면 누군가 긴급 기자회견을 하고 있다. 음악 대신 뉴스를 틀어두고 원고를 본다. 집중이 어려우니까 집중을 해야지, 이런 이상한 생각을 한다.

저녁엔 퇴근하는 김보리를 마중 나간 김에 메밀국수를 먹으러 갔다. 매운 양념에 비빈 콩나물을 먹고 싶어서 비빔메밀을 먹었다. 국수를 먹으면서 랩이 터진 것처럼 욕을 했다. 매국과 내란의 얼굴들, 파렴치며 몰염치가 그네들 힘이다, 꼴도 보기 싫다, 곱게 늙어서 더 징그러운 폭력들, 샹, 샹. '국가'와 '나라'를 주제로 열렬히 말하고 가만히 생각하니 내가 보수인가 싶었다. 이 계엄을 옹호하는 입장들을 '보수'라 칭하는 일은 이제 그만두어야 하지 않을까. 봉건, 내란, 위헌 중에 골라봐.

"국민들께서도 추운 거리에서 밤을 새우며 탄핵을 외치는데, 저희도 따뜻한 곳에만 있을 수는 없지 않겠습니까." ▼ 더불어민주당 중진 의원 다섯명이 윤석열의 탄핵과 체포를 촉구하며 8일부터 단식 농성에 들어갔다. 국회 앞을 떠나지 못하는 시민들을 생각하는 마음이나 취지는 알겠으나 동의할 수 없다. 뉴스를 읽으며 답답해 가슴을 쳤

▲ 경인일보 「"대통령, 즉시 체포를" 민주 의원들, 단식 농성」, 2024.12.10.

다. 국회에 머물고 있는 한 사람 한 사람의 무사無事가 지금 얼마나 중요한가. 당신들만 바라보고 있는데. 무엇보다도, 단식으로 스스로의 몸을 축내는 호소는 저 봉건+내란+위헌 세력에 아무런 위력을 발휘하지 못한다. 남의 고통에 움직이는 일 없는 이들이니까. 그러니 부디 따뜻한 곳에 있으라. 잘 먹고 잘 자며 스스로를 잘 보살펴달라.

── **12월 13일 금요일** 오후 열한시 십이분

내일 있을 탄핵 표결을 국회 앞에서 지켜보려고 둘째 집에 와 있다. 오늘은 여기서 자고 내일 동생들과 나간다.

낮에 이 동네 시장에서 섬초를 보았다. 바닥에 납작하게 퍼져 자라는 섬초는 잎에 흙이며 돌이 많아서 씻는 게 일인데 무쳐 먹으면 별 양념을 넣지 않아도 달고 맛있다. 막내가 좋아하는 채소라서 2킬로그램을 샀다. 내가 씻을 테니 네가 삶아라, 그리고 버무려라. 아니다, 내 돈으로 샀으니 언니가 씻고 삶아라, 나는 버무린다. 그런 이야기를 하며 걷는데 시장 골목에서 아이 비명이 들려왔다. 두살쯤 되어 보이는 아이가 뭐가 마음대로 되지 않는지 킥보드 앞에서 발을 동동 구르고 있었다. 그의 엄마가 그를 들어 한쪽 어깨에 있었디. 그는 한 손으로 킥보드를 끌고 다른 팔로는 아이를 그렇게 안은 채 골목을 걸어갔다. 아이가 엄마 어깨에 엎드린 채 계속 울었다. 엄마 힘들겠다, 하고 내가 말하자 애가 힘들지, 하고 막내가 말했다. 저렇게 들면 애가 힘들어. 찔끔해 입을 다물었다. 내가 그를 들볶는 조카들을 자주 노려보곤 한다는 걸 들킨 것 같다.

2024년 12월 13일 오후 1:25

독재로 가기 위한 전쟁.

수많은 사람들이 다치고 죽고 영영 이별할 사건을 오로지

자신들의 범죄를 덮고 사적인 원한을 해소하고 권력을 영영 유지하기 위해서.

'내란성 위염'이라는 말이 돌고 있는 모양이다. 정신건강의학과 의사 510명이 "윤석열의 퇴진이 국민적 트라우마를 치유하는 길"▾이라며 어제 시국선언문을 발표했다. 나도 문득문득 견디기가 어렵다. 계엄 직후만 해도 충동적으로 계엄을 저질렀을 거라는 추측이 많았는데 이제는 그런 이야기를 하는 사람은 없을 것이다. 매우 치밀하게 계획된 계엄이었다는 증언이 계속 나오고 있다. 어제 오늘 사이엔 HID정보사령부 특임대 요원을 동원해 각 분야의 요인을 납치,

▴ 경향신문 「정신과 의사들 시국선언 "전국민 국가폭력 트라우마 경험 중, 대통령 퇴진해야 치유돼"」, 2024.12.12.

암살하려 했다는 제보가 있었고, 군을 움직여 전쟁으로 번질지도 모를 국지전을 획책했다는 증언도 나오고 있다. 한반도에서 세계대전 발발도 가능했다는 것이다. 화가 난다는 말로는 부족할 정도로 속이 뒤집힌다. 남의 삶을 조금도 아낄 줄 모르는 사람들이 그 삶을 다 무너뜨릴 막강한 힘을 가졌고 지금도 가지고 있다.

그럴 수 있을까. 군대를 동원해 사람들 목숨을 이런저런 전선으로 내모는 계획을 세우면서, 사람을 납치해 고문하고 없애라 명령하면서, 수많은 목숨이며 삶을 전쟁에 쓸어 넣을 계획을 세우면서, 그 머리와 가슴에 '사람'이 없을 수 있을까. 자신 말고 누구도 피 흘리는 생명체로 보지 않는 마음으로는 그게 될 것이다. 타인의 삶과 고통에 닿는 감각이 발달하지 않은 삶, 그럴 의지도 없는 마음으로는 그럴 수 있다.

그런 마음을 가진 것도 사람, 악귀나 악마 아니고 사람, 내게도 있는 싹. "사람이 하는 일." 견디기 어려울 때마다 주문을 외는 것처럼 그런 생각을 한다.

가슴이 답답해 밤 산책을 나섰다가 전광훈 연설을 틀

어두고 골목을 돌아다니는 노인을 보았다. 삼십분 걷고 돌아오는 길에 다른 골목에서 한번 더 마주쳤다. 그 목소리와 말을 뿌리며 돌아다니는 게 그의 산책 목적일까. 어쩌면 나름 거룩한 목적, 선교나 구국이라고 생각하는 걸까. 누군가를 죽여, 죽여야 한다고 외치는 사이비의 연설은 어쩌다 그 노인의 기도이자 신념이 되었을까.

    내일 다섯시로 예정되어 있었던 탄핵 표결이 네시로 앞당겨졌다.
    조금 더 일찍 이동하기로 했다.
    계엄 이후로 매일 날씨를 확인한다.

— **12월 14일 토요일** 오후 열한시 오십일분

두번째 탄핵안 표결.

당산에서 여의도로 걸어서 넘어갈 때 둘째가 이 길을 안다고 반가워했다. 강산에나 이승철, 서태지와 아이들을 쫓아다니던 십대 때, 그 길을 통해 공개방송을 보러 여의도로 넘어가곤 했단다. "날라리였을 때?" 셋째가 놀리자 응, 내가 날라리였을 때, 하고 폭소한다. '날라리'라는 말에 푹 터진 것처럼 웃었다. 그의 과거와 현재를 아는 사람만 아는 농담. 요즘 광장에 모이는 십대, 이십대, 삼십대 여성들과 둘째의 같은 점, 그리고 다른 점을 생각하다가 눈물이 나서 천천히 걸었다. 앞서 가라고 말하고 둘째의 뒤를 따라갔다.

우리 자매가 다 십대였을 때 우리는 사이가 좋지 않았다. 누가 봐도 깜짝 놀랄 정도로 삼벌하게 다퉜고 각자 생존만으로도 버거워 서로에게 관심을 두지 않았다. 그때로 돌아가 미래에 너희가 정치인과 언론인 이름을 외워 말하고 정치 이야기를 나누고 같이 집회에 나간다고 귀띔한다면 우리 셋 누구도 믿지 않을 것이다. 우리는 지금 많은 이야기를 나눈다. 삶이 이번 한번이라는 걸 알기 때문에 미안한 일이 있으면 미안하다고 바로 말하고 고마운 일이 있으면 고맙다고 바로 말한다. 대화하고 서로를 살피고 눈치를 보고 우리만 아는 농담, 상흔이기도 한 농담을 아무렇게나 나눈다. 별일 없이 삶이 이어진다면 아마도 삼십년쯤 남았을까. 우리가 자매로 만나 살아갈 시간이 반생도 남지 않았다. 그게 좀 아깝다, 그런 생각을 하며 국회 정문을 향해 걸었다. 가는 길에 국회3문 방향으로 가는 조국혁신당 의원들과 마주쳤다. 힘내라고 박수를 쳐주었다.

국회대로에 앉은 사람들 끄트머리에 자리를 잡았는데 삽시간에 우리 뒤로도 사람들이 모여 앉았다. 김보리가 뒤를 보라고 말해 돌아보니 여의교 쪽으로 대로 가득 사람들이 앉아 있었다. 주유소 쪽엔 탄핵에 반대하는 세력이 모였는지 더불어민주당 이재명 대표, 조국혁신당 조국 대표를 조롱하는 구호가 이어졌다. 조금 떨어진 자리에서도 소리가 무척 크게 들려서 그 근처에 앉은 사람들이 괴롭겠다는 생각을 했다.

주유소 화장실 앞에 줄을 서 있다가 따라오라는 안내를 받아 바로 옆 빌딩 주차장으로 들어갔다. 작고 깨끗한 화장실이 주차장에 딸려 있었다. 나까지 다섯 사람. 내 뒤에 선 노인들이 내 앞에 선 여성들에게 어디서 왔느냐고 물었다. "말해도 되나?" 머뭇거리더니 안산에서 왔다고 대답한다. 멀리서 오셨네, 하던 노인들이 "단원고 애들 생각난다"고 덧붙이자 두 사람은 입을 다물었다. 그 침묵이 낯익어 가슴이 철렁했다. 손뜨개로 만든 것 같은 노란 목도리와 귀마개가 그제야 보였다. 416연대가 오늘 국회 정문 근처에서 주먹밥을 나누어주었다는데 거기 참석한 엄마들일까.

다시 자리로 돌아오는데 사람이 너무 많아 앉아 있던 자리를 찾기가 어려웠다. 둘째가 입은 보라색 점퍼로 찾아냈다. 표결을 기다렸다. 가결되지 않을까봐 걱정하는 마음은 크지 않았다. 불안도 거의 느끼지 못했다. 그보다는 뭔지 모를 각오로 마음이 단단했다. 되어야 하는 일, 마땅한 일을 기다리며 도사리듯 앉아 있었다. 부결되기만 해봐. 그렇게 앉아 있다가 표결을 맞았다.

삼백명 재석, 이백사명 찬성으로 탄핵안이 가결된 순간의 말은 제대로 듣지 못했다. 스피커 사이에 간섭이 있었는지 국회의장의 말이 겹쳐 들렸다. 앞쪽에 앉은 사람들의 환호를 들었고 자리에서 벌떡 일어나는 사람들의 모습을 보았다. 그걸로 알았다. 나도 일어나 동동 뛰다가 뒷사람에게 덥석 안겼다. 내 또래 여성이었는데 힘이 좋았다. 두 발이 들린 채 그에게 안겨 있었다. 잠시 즐거웠다. '탄핵'에서 '체포'로 구호가 바로 바뀌었다. 뒤풀이를 마음껏 즐길 수 없을 것 같아 뒤로 빠졌다.

여의교를 건너 당산으로 갔다.

오후 일곱시 조금 넘어 대통령실에 탄핵안 의결서가 제출되었다. 대통령 권한 정지.

오늘 내 옆자리엔 싸이커스를 응원한다는 고등학생들이 앉아 있었다. 어깨에 담요를 두르고 응원봉을 소중하게 쥐고 쉴 새 없이 작은 간식을 먹었다. 그들 말고도 젊은 여성들이 오늘도 많이 모였다. 광장에서 구호를 외치면 젊은 여성들의 목소리로 메아리가 돌아온다. 그들의 대거 참여로 대중가요와 민중가요가 섞여 탄핵 플레이리스트가 작성되고 있다. 이삼십대 여성들에게 특별한 힘이자 트라우마가 되기도 했던 「다시 만난 세계」소녀시대는 이제 2024년 탄핵 집회의 주제곡이나 다름없고, 로제의 「APT.」 도입부에 윤수일의 「아파트」를 붙인 리믹스, 유키스의 「만만하니」, aespa의 「Whiplash」, 2NE1의 「내가 제일 잘 나가」, DAY6의 「한 페이지가 될 수 있게」, 김연자의 「아모르 파티」, 신해철의 「그대에게」, 방실이의 「뭐야 뭐야」, 유정석의 「질풍가도」, 김광석의 「일어나」 등이 「임을 위한 행진곡」, 노찾사의 「그날이 오면」, 꽃다지의 「불나비」 등과 이전 트랙, 다음 트랙으로 섞여 있다.

세월호가 맹골수도에 가라앉고 100일째 되는 날, 안산에서 서울까지 유가족이 걸어온 날, '네 눈물을 기억하라'라는 이름으로 서울광장에서 추모제가 열렸고 가수 김광석의 「일어나」를 거기 모인 사람들 틈에서 들었다. 추모제나 집회에서 들을 거라고는 예상치 못해서 마치 처음 들는 것처럼 그 노래를 들은 기억이 있다. 그때만 해도 나는 그 노래 가사를 다 외우지 못해 후렴구만 따라 불렀는데 그 밤, 광장에서 들은 합창의 음조는 오늘과 달랐다. 깨어나라, 눈 떠라, 유가족의 선창에 따르는 구호도 마찬가지였다. 깨어나라, 광장의 밤을 뒤흔들었던 함성과 직후의 고요가 내게 도저히 잊을 수 없는 파동으로 남아 있기 때문에, 적어도 당시 광장과 지금 광장의 음조가 다름을 분명하게 알겠다. 젊은 여성들이다.

초반 몇 차례 집회에서 일어난 문제를 되짚고 개선하려는 노력도 분명 있는 것 같다. 광장에 앉아 타인의 말을 듣는 사람들 태도에 변화가 있다. 부당과 불편과 불쾌를 말하는 용기를 내준 누군가가 있었을 것이다. 내 마음의 불편이 맥락 있는 불편이며 모두의 고민이어야 한다고 말 꺼낸 사람들이 있어 이뤄낸 변화.

너무 고마운 사람

— **12월 16일 월요일** 오후 두시 사십이분

세수하다가 오른쪽 눈을 다쳤다. 11월에 왼쪽 눈을 다쳤는데 이번엔 오른쪽 눈. 한쪽 눈을 감은 채 앉아 눈雪을 바라보았다. 까치가 날아왔다. 새들이 먹을 게 있을지. 눈으로 다 덮여서. 아몬드밖에 줄 것이 없어 이로 깨물어 내놓았다. 눈에 달라붙은 먼지들 때문일까. 눈 날리는 공기에서 불티 냄새가 난다. 재 냄새.

자다가 물었는지 혀에 상처가 있다.

12월 3일, 국회가 계엄을 해제하고 새벽 네시 삼십분에 이를 때까지, 그리고 이후로 주말까지, 특수요원들을 동원한 국지전 위험이 있었다는 뉴스 보도가 며칠째 이어지고 있다. 국지전을 일으켜 계엄을 정당화하고 장기 집권으로.

2024년 12월 둘째 주, 지금으로선 이름도 붙이지 못할 이 기간의 불안과 울분을 어떻게 기록해야 할까.

감히.

혼란이 어느 정도 가시고 나니 이 말만 입속에 줄곧 서 있다. 감히.

탄핵이 가결된 이후 첫번째로 맞는 월요일.

계엄과 탄핵 국면에서 일을 제대로 하지 못한 김보리는 오늘 많이 늦을 거라는 말을 남기고 출근했다. 휴일에도 메일을 주고받으며 일하곤 했는데 주말 내내 광장을 떠도느라 메일 계정에 접속하지 못했더니 이틀 사이에 열세통이 쌓였다고 했다.

탄핵이 가결되고 첫 출근하는 월요일인 오늘, 윤석열에게 투표했다는 회사 동료와, 그가 선택한 이를 탄핵시키고 사무실로 돌아간 김보리의 만남은 어땠을지. 그런 걸 상상하며 읽고 쓴다. 오랜만에, 거의 열흘 만에 원고 앞에 앉았는데 오늘도 새로운 소식이 이어져 뉴스에서 눈을 떼기가 어렵다.

국민의힘 소속인 시의원이 오늘, 내란을 선동했다며 더불어민주당 이재명 대표를 형사고발했다. 계엄이 아니라 탄핵이 내란이라는 주장이다. 이렇게 시민으로서 나는 또 모욕을 경험한다. 그런 주장을 적극적으로 받아 적을 가치가 있는가 지금. 국민의힘 의원들의 말이 언론에 오르내릴 만큼 가치가 있는가 지금. 탄핵이 가결되자마자 무슨 심오한 대의라도 있는 것처럼, 거대한 불의에 저항이라도 하는 것처럼, 자리에서 일어나 국회를 빠져나간 뻔뻔한 얼굴들을 다 기억해두고 싶다.

어제는 탄핵이 가결되어 기쁘다고 말하는 편지에 기쁘지 않다는 말을 적어 답신했다. 옹졸했는지도 모르겠다. 하지만 지난 토요일 광장에서, 탄핵안 가결로 잠시 둥둥 기쁜 뒤로 단 한 순간도 기쁘지 않다. 광장에서 아무도 국가 폭력으로 다치지 않아 기쁘다는 말을 듣고 읽을 때마다 마음이 아프다. 사람들이 다치고 죽는 상황이 이렇게 많은 이들의 마음에 뻔한 가능성으로 존재했던 그 시간 자체가, 그런 시간이 있는 현실 그 자체가 두렵고 아프다.

온갖 부정과 비리가 알려져도 그를 비롯해 그의 세력들이 하나같이 오만하게 얼굴을 들고 다니고 오히려 화를 내는 꼴을 보면서, 저들이 장기 집권을 계획하고 있는 건 아닌가, 그런 배경이 아니라면 이렇게 궁지에 몰린 상황에서 저렇게까지 안하무인일 수가 있을까, 의심을 했고 그래서 '계엄을 생각하는 것 같다'고 무심코 말하고 다니면서도 나는 그것이 내가 겪은 불행에서 비롯된 불안이기를, 타인의 기록에서 내 기억으로 이동한 기우이기를, 방정이기를 바랐는데.

— 오후 여덟시 오십팔분

단편 원고를 이어 썼다.

김보리가 상심한 채 퇴근해 돌아왔다. 회사 동료에게 이번 계엄의 위법성을 설명하다가 이유를 모르게 언짢아졌다고 했다. 이제 이런 이야기를 하면 안 되겠다는 생각을 했다고 한다. 말할수록 말하고자 하는 것이 가벼워지고 하

찾아지는 것 같았냐고 묻자 어떻게 알았느냐고 반문한다. 나도 겪곤 하니까. 그 무서운 일을. 내게 너무나 중요한 그것이 당신에겐 중요하지 않다는 걸 목격하는 일, 사람의 무언가를 야금야금 무너뜨리는 그 일을.

김보리도 나도 건강이 좋지 못하다.

입술과 눈과 위장에 번진 염증 때문에 소염제, 항생제, 해열 진통제, 소화제를 계속 먹고 있다.

새벽에 자려고 누웠다가 숨을 쉴 수 없어 엎드려 있었다.

12월 16일 오후 11:03

국민의힘 윤상현 의원의 말을 지난 뉴스에서 보았다.

"다름을 인정하는 게 정치의 출발."▼

깊은 모욕감.

▲ 한국경제 「'탄핵 반대' 윤상현, '찬성' 1인 시위하는 김상욱에 "밥 먹었냐"」, 2024.12.14.

— **12월 18일 수요일** 오전 네시 삼십구분

광주는 어떻게 견뎠을까. 1980년 이후로 그 혐오와 오욕을, 타지의 이웃을 어떻게 견뎠을까.

어제 일기를 정리하지 않았다.

메모로만 떠도는 기억들.

하루에 일어난 일을 당일에 기록하지 못하는 날이 늘었다. 요즘은 늘 어제 일기를 쓴다.

— **12월 19일 목요일** 오전 열두시 십칠분

어제는 오랜만에 동네에서 저녁을 먹었다. 일곱시 조금 넘어서였는데 이상하게 동네가 조용했다. 요즘은 그 시간에 집 근처에 있으면, 그리고 길이 한산하면 뜨끔하고 미안하다. 누군가는 길에 나가 있을 테니까. 아보카도 피자와 포케를 주문했는데 몇 입 먹지 못했다. 커피와 맥주를 마셨다. 김보리와 내가 주문을 마치자마자 아이 넷을 거느린 사람들이 저녁을 먹으러 들어왔다. 특별한 날을 맞이한 이들 같았다. 여자아이들. 가장 어려 보이는 아이가 내 등 뒤에 있던 크리스마스트리로 다가와 전구가 반짝일 때마다 켜져라, 꺼져라, 하고 말했다. 김보리와 맥주를 마시며 그걸 들었다. 켜져라, 꺼져라. 트리 곁에 쪼그려 앉은 등을 유리창으로 보았다. 너무 작아서, 그 아이가 거기 와 있다는 걸 아무도 모르는 것 같았다. 아이 등이 너무 작아서 마음이 좀 아팠다.

집으로 바로 들어가기가 싫어 꽤 길게 걸었다. 집에서 입던 리넨 바지 차림이라서 밤길에 추웠다. "제가 자영업하고 있는데/계엄 났을 때/너무 무기력하더라고/그래서 (일)

너무 고마운 사람

하다가 쉬고 나왔어요."◂ 이 말과 얼굴이 생각나 걷다가 울었다. 내게도 그 얼굴이 있다. 여의도 국회 앞에서 열린 탄핵 집회에서 물을 나눠주며 말하다가 울음이 터진 그처럼 내게도, 불시에 그 밤이 떠오르면 생생하게 그렇게 갈라지는 얼굴이.

그와 내가 같은 날ㄲ에 베였다.

우리뿐일까.

사는 곳도 이름도 얼굴도 다른 이 많은 사람이, 그 밤에 다 같이 베였다. 국민의힘이 2016년 탄핵을 들먹이며 자신들의 '트라우마'를 호소할 일인가.

계엄 이후로 보름이 넘었다.

보름 만에 윤석열의 지지율이 계엄 전과 같은 24퍼센트에 도달했다는 뉴스를 보았다. 이 와중에 지난 12월 6일, 음력으로는 11월 6일, 육십간지로 풀면 갑진년 병자월 갑

◂ MBC 'PD수첩' 「(긴급취재) 서울의 밤 3: 탄핵 대통령」, 2024.12.17.

진일, 청룡을 뜻한다는 '갑진'이 둘이나 있는 날에 장어 56킬로그램이 용산에 반입되었다는 보도▼가 있었다. 그걸 멍하니 읽었다.

그래도 이제 좀 차분하게 책을 읽을 수 있다. 이렌 네미롭스키의 『뜨거운 피』빛소굴 2023를 오랜만에 몰입해 읽었다. 처음엔 좀 심심하고 무료한 소설이라고 느꼈는데 끝까지 읽고 다시 읽으니 전혀 다른 농도의 이야기가 된다. 다 읽고 두번째 읽을 때에야 비로소 열리는 책.

— 오후 열시 이분

한덕수 권한대행이 양곡법 등 여섯개 법안을 거부했다. 그가 이 법안들을 어떻게 처리하는지, 윤석열과 다른 행보를 보이는지가 지금은 너무나 중요한 조짐이고 지표였는데. 윤석열을 탄핵시키고 헌법을 수호하고자 하는 이들에게는 분명 부정적 조짐이다. 윤석열에게 강하게 공감하는

▲ 머니투데이 「계엄선포 후 용산에 반입된 '장어 56kg'…최대 160인분」, 2024.12.18.

이가 권한대행으로 있다. 그것이 확실해졌다. 이 와중에 국민의힘 권성동 의원은 "탄핵소추안이 헌법재판소에서 기각될 경우 그 탄핵안을 발의, 찬성 표결한 국회의원을 직권남용으로 처벌해야 한다"▼고 주장.

이 내란의 범위는 어디까지일까. 탄핵이 가결되고, 윤석열의 대통령 권한이 정지되고, 이제 좀 마음을 가라앉히고, 어제부터 다시 책을 읽기 시작했는데.

하루 만에 이 상태가 되었다.

잠이 어렵고 길다. 자고 싶지도 깨고 싶지도 않고.
먹고 싶지도 마시고 싶지도 않다.

새 먹이 내놓는 것을 잊었다.
빈 그릇 근처에 다녀간 발자국이 있다.

▲ SBS 「"탄핵안 기각되면 발의, 표결한 국회의원 처벌해야"」, 2024.12.19.

— **12월 20일 금요일** 오전 한시 이분

계엄이 있던 밤을 거의 생각하지 않는다.

메모도 별로 없다.

글로 써서 정리해보려고 하면 숨이 막힌다.

 열시 삼십분 넘어 상황을 알았다. 다락방에서 김보리와 마주 앉아 뉴스를 보았다. 실시간으로 상황을 알리는 채널이 유튜브에 몇개 있었다. 국회의원들이 국회로 모이고 있었다. 두어개 채널을 번갈아 보다가 열한시 사십칠분, 국회 상공으로 날아오는 군용 헬기 두대를 보았다. 그걸 보는 순간, 머릿속이 싹 뒤집혔다. 가야 된다고 김보리에게 말하고 일어났다. 그 직후가 잘 기억나지 않는다.

 신분증을 반복해 생각했다. 그걸 안주머니에 넣어야 한다고.

 차 안에서 유튜브로 국회 상황을 보며 가다가 껐다. 너무 불안했고 운전하는 김보리가 걱정되었다. 속도도 빠른데 사고가 날 것 같았다. 국회 안에서 사람들이 계엄군을 막으려고 바리케이드를 쌓고 있었다. 의원이 몇명 모였는지도 알 수 없었다. 다 모이지 못할 수도 있겠다는 생각을 했다.

여의도 사정이 어떨지 몰라 일찍 한강을 건너 영등포로 갔다. 한두달 전에 가본 적 있는 장례식장 근처 도로변에 차를 두고 여의도로 서둘러 건너갔다. 국회대로는 경찰 버스들로 막혀 있었고 차량이 통제된 대로에 사람들이 나와 있었다. 사람 수가 많지 않았다. 너무 흩어져 있다는 생각을 반복해 했다. 국회 방향만 바라보며 뛰었다. 정문 앞에 모인 사람들 뒤에 서서 "비상계엄, 철폐하라"라고 외쳤다. 내 입에서 나오는 말이 믿기지 않았다. 비상계엄을 철폐하라고? 현실인가? 한시가 다 되어가고 있었다. 헬기 소리를 들었다. 국회 쪽만 하염없이 바라보았다. 무력했다. 계엄군이 계속 국회로 들어가고 있다고 생각했다.

김보리와 내가 도착하고 얼마 뒤 해제안이 가결되었다. 사람들이 박수를 치며 외치는 소리로 그걸 알았다. "됐다!" "가결!" 구호는 이제 "윤석열을, 체포하라"가 되었다. 평생 그 정도의 진심을 담아 누군가의 이름을 외친 적이 없다.

해제안이 가결된 뒤에는 바로 자리를 뜨고 싶었다. 십

여분 전만 해도 우리 뒤가 비어 있었는데 가결되고 돌아보니 어느새 사람이 불어나 있었다. 사람들 사이를 비집고 다녀야 했다. 취재 차량과 경찰차, 누군가 몰고 왔다가 도로에 내버려둔 차들 사이를 사람들이 채우고 있었고 곳곳에서 발언자를 둘러싸고 이야기를 듣고 구호를 외치느라 작은 광장들이 열리고 있었다. 국회의사당역 6번 출구 근처에 서 있는데 뒷머리가 서늘했다. 잠자리에 들었다가 뛰어나온 티가 나는 사람이 많았다. 다섯살 정도로 보이는 아이를 보았다. 국회의원 백오십명을 넘기지 못했다면, 사람들이 제때 도착하지 못했다면. 자꾸 그런 생각을 하며 사방을 보았다.

두시 넘어서는 몸을 가누기가 어려울 정도로 졸렸다. 김보리와 나는 국회 안에서 계엄군이 철수했다는 말을 듣고 국회대로를 나왔다. 영등포로 건너가 차에 누워 있었다.

파주로 돌아오니 세시 삼십일분.

계엄 해제 발표를 듣지 못하고 잠들었다.

아침에 세수를 하는데 눈 아래쪽 뺨이 따가워 물을 대기가 어려웠다. 살갗이 다 일어났다. 장갑 낀 손으로 너무

세게 문질렀기 때문인 것 같았다.

 그 밤의 순간순간이 얼마나 긴박하고 중요했는지를 뉴스를 보며 매일 새롭게 알고 있다.

 계엄이래.
 김보리가 내 이름을 부르며 다락방으로 올라왔을 때 나는 책을 읽고 있었다. 그날분 원고를 썼고 조용하게 하루를 마무리하는 시간이었다. 믿기지 않았다. 지금 쓰고 있는 단편을 실을 지면이 사라질 수도 있다고 생각했다. 그 생각을 제일 먼저 했다(그랬다고 기억하고 있다). 그다음, 원고를 완성해야 한다고 생각했다. 오늘이 지나고 원고를 완성하지 못할 상황이 생길 수 있으니 우선 마무리해야 한다. 그런 생각을 했다.
 소식을 듣자마자 국회로 달려간 사람들이 없었다면 오늘 일상은 오늘과 같지 않았을 것이다.
 그 찰나에, 그들이 나처럼 생각했다면.
 그날 뒤로 이 생각을 하지 않으려고 애쓰고 있다.

수일 전, 서머싯 몸의 소설에서 역사상 작품을 쓰다 말고 자살한 작가는 없다는 농담▼에 줄을 긋고 'ㅋㅋㅋ' 하고 적으며 웃었는데.

같은 말에 이제 웃을 수 없다.

▼ 서머싯 몸 『케이크와 맥주』, 황소연 옮김, 민음사 2021, 235면.

— **12월 21일 토요일** 오후 열시 삼분

오늘 광화문 무대에서 퀴어 청소년이라고 밝힌 발언자가 있었다. 이 무수한, 낯모르는 사람들의 뭘 믿고 자신의 소수자성을 말했을까. 듣자마자 웃음이 터졌다. 내가 뭐라고 이 용감한 말을 받나, 싶으면서도 선물을 받은 것 같았다. 내 옆에 앉은 사람들, 저 멀리에 앉은 사람들이 응원봉과 깃발을 흔들며 그의 말을 환영하고 있었다. 무슨 일이 일어나고 있나, 우리가 12월 3일 이후 첫번째, 두번째 광장에서 얼마나 멀리 왔나, 하고 생각했다. 이 순간을 만나려고 그간 이런저런 자리에서 불편을 겪었나보다.

오늘은 모자 꼭대기에 플라스틱 촛불을 붙인 아저씨의 선창에 구호를 붙이며 걸었다. 행진 중반쯤에 그가 선창을 중단하더니 여러분, 내가 육십대라서, 이제 여러분이 해주셔야 한다고 떨리는 목소리로 말했다. 그의 주변에서 사람들이 웃었다. 선창으로 대답했더니 그가 돌아보았다. 내 목소리가 너무 컸나. 기제사를 지내러 가야 해서 김보리와 나는 행진 중간에 빠져 나왔다. 더 가고 싶어 아쉬웠다. 사람들 뒤를 자꾸 따라가려는 나를 김보리가 당기며 말렸다.

행렬에서 팔을 잡혀 나오며 웃었다.

— **12월 22일** 오후 열한시 오십사분

남태령.

마중 나간 사람들.

배웅까지 완성한 사람들.

— **12월 23일 월요일** 오전 한시 십육분

지난주 토요일 12월 21일.

광화문 비상행동 윤석열즉각퇴진·사회대개혁 비상행동 집회에 참석했다가 전농 전국농민회총연맹의 고립 소식과 연대 요청을 들은 사람들이 남태령으로 갔다.

서울시 경찰력에 가로막힌 트랙터와 농민 들을 마중하러 간 사람들이 그 추운 고개에서 꼬박 밤을 버텨 막힌 길을 열었다.

2024년 12월 22일 일요일은 서울 근처만 오면 더는 전진하지 못하고 늘 가로막혔다는 전농의 투쟁단이 처음으로 남태령을 통과한 날이다.

남태령을 어떻게 일기로 옮길까.
뭐라고 쓰든 남태령에서 나온 말들에 비하지 못할 것이다.

일요일 아침이 되어서야 남태령 소식을 들었다. 내가 습관적으로 체념한 자리에 찾아간 사람들이 있었고 그들

너무 고마운 사람

이 그 자리를 지켰고 막힌 길을 뚫었다. 만나고 싶은 사람들이 다 거기 있다고 생각하면서도 나는 단편을 쓰려고 가지 않았다. 실시간 영상으로 현장의 말을 듣고 눈으로는 원고를 보면서 내 늙음을 돌아보았다. "전농이 지금 남태령에 와 있다." 나도 그날 광화문에서 그 말을 들었는데. 그저 듣기만 했다. 그게 되지 않을 거라고 먼저 믿는 마음, 보고 들은 바대로 학습된 포기. 뭘 단념했는지도 모르고 있다가 거기서 밤을 버틴 이들을 보고서야 다칠 수 있는 사람들을 함부로 단념했다는 걸 알았다. 그러고도 아무렇지도 않았다는 게 부끄러웠지만, 오늘은 그 부끄러움이 기꺼웠다.

그 추운 밤을 그 자리에서 보낸 사람들도 놀랍고, 그들에게 난방 버스며 음식이며, 바람 넘는 고개에서 버티는 데 도움이 되는 물품들을 즉시 보낸 사람들도 놀랍다. 그건 나라에서 받은 것이 없어도 위기가 닥치면 들불같이 일어난다는 어느 민족의 성격 같은 것이라기보다는 남의 곤경과 고립을 모르는 척 내버려두거나 차마 두고 갈 수는 없는 마음들 아닐까. 남의 고통을 돌아보고, 서로 돌볼 줄 아는 마음들.

 이미 그런 마음들이, 이 강렬한 정치적 국면에 광장으로 나왔다가 다른 광장으로 번져간 게 아닐까.

 2016년과는 비교되지 않는 속도로 광장이 진화하고 있다는 걸 느낀다. 아마도 이 사태 초반부터 광장을 채운 다수 구성원의 영향일 것이다. 십대, 이십대, 삼십대 여성들.

 그들은 계엄 이전에도 이미 정치적이었지. 삶이 정치와 분리될 수 없다는 것을 자신의 삶으로 겪으며 살아왔고 바로 곁에 있는 다른 여성의 삶으로도 보고 듣고 배우며 살아오지 않았나.

 이 탄핵이 어떤 결과에 이르든 남태령에서 서로 연결되었던 사람들에게, 그리고 그들을 경이로 목격한 사람들에게 세상은 이전과 같지 않을 것이다.

 놀라운 사람이 이렇게 많다.

— **12월 25일 수요일** 오전 아홉시 삼십팔분

가수 하림이 어제 광화문 무대에서 「별에게」를 불렀다.
성탄 전야에 광화문 앞에 서서 이 노래를 들었다.

하림은 어떻게 이 노래를 불렀을까.
어떻게 다 부를까.

너무 고마운 사람.

만세, 하고 부르면

— **12월 26일 목요일** 시간기록없음

한덕수 권한대행이 끝내 헌재 재판관 후보자 세 사람을 임명하지 않으려는 모양이다. 민주당이 내일 그를 탄핵한다고 한다.

그제와 어제, 민주당 박선원 의원이 아침부터 여러 방송에 출연해 '복귀하지 않은, 지급받은 무기를 반납하지 않고 여전히 명령을 대기하는 HID 요원들이 있다'는 경고를 전했다.

오늘은 민주당 이광희 의원과 박선원 의원이 「김어준

▲ SBS 「"계엄 임무 받은 정보사 블랙요원들 미복귀…무기 반납해야"」, 2024.12.24.

의 뉴스공장」에 출연해 HID 요원들의 목표 대상이 군사적으로 중요한 시설인 청주공항과 성주 사드기지, 대구공항이었다는 요원들의 증언을 전했다. "전쟁이 날까봐 임무 수행이 두렵다."

그리고 오늘로 예고된 김용현 전 국방장관의 기자회견을 막아달라, HID 요원들을 향한 지령이 암호로 지시될 수 있다는 제보가 있었다고 했다.

"계엄선포의 시각은 오후 11시 00분입니다."
"통행금지 (…) 대통령이 (…) 삭제 지시하였습니다."

오늘 오전 열한시에 발표된 김용현의 기자회견문에서 좀 뜬금없이 등장한 저 두 표현 때문에 사람들이 종일 긴장하며 걱정하고 있다. 계엄이 오후 열시 삼십분 무렵이었는데 굳이 '11시 00분'을 현재형으로 말한 것과 '통행금지'를 '지금행동'으로 거꾸로 읽은 것. 평시엔 걱정 많은 사람들끼리 나눌 만한 이야기를 여기저기 커뮤니티에서, 일상에서 만나는 사람들 사이에서 나누고 있다. 음모론이든 뭐든, 이 많은 이들이 저 정도 말에 즉각 반응할 정도로 위험을 느끼고 있으며 실제로도 위험한 상황인 것이다.

 2017년 이후로 광화문에서 내내 이어진 전광훈 집회의 후과를 이렇게 맞는구나. 오늘은 종일 그 생각을 했다. 극우·수구의 망상, 혐오, 거짓말이 공적 영역에서 자라도록 온 사회가 내버려둔 결과를 이렇게, 내란과 반란과 불신과 의심으로.

 국민의힘은 내일 예고된 한덕수 권한대행의 탄핵을 비판하며 여전히 탄핵 트라우마를 말하는 모양이다. 그들은 그저 수면 위로 노출된 면면에 불과하다는 생각을 하고는 한다. 빙산의 일각. 이 뻔한 말이 요즘처럼 선명하게 다가온 적이 없다. 국란 사태에 책임이 있는데도 지지율이 29퍼센트라니까. 이 지지의 토대, 기반을 골똘히 생각할 때가 많다. 엄연한 존재들.

 오래전 어느 북토크 자리에서 "사람들의 악함이 약함에서 비롯되었다는 생각을 나는 한다. 당신의 생각은 어떤

가"라는 질문을 받고 엉뚱한 대답을 한 적이 있는데, 그 질문도 자주 생각한다.

실은 몇해째 하고 있다.

사람들의 악함을 마음에 들여 되짚고 생각해보는 것은 어려운 일은 아니다. 내게도 그 싹이 무성하게 있으니까. 그런 것이 자신에겐 없으며 없을 거라고 믿는 얼굴 앞에 서는 것이 훨씬 더 어렵다. 내게는 그런 입장 역시 악함의 기반이 되는 약함으로 보인다. 그런데 사람들의 약함에 내가 얼마나 분노할 수 있을까. 누군가의 약함은 어느 정도가 그의 탓일까. 그리고 권력 가진 이들의 혼돈 그 자체인 악함도 약함에서 그 탓을 찾을 수 있을까.

하지만 세상엔 정말 악한 게 있어.

정말 나쁜 게 있어.

사람의 다면성을 이야기하며 악을 고민하는 글을 읽을 때마다 그 내용에 십분 공감하면서도 바로 곁 여백에 연필로 부기附記한다.

타고나는 걸 나는 악이라고 부르고 싶지 않아.

그건 자연.

그보다는 사람이, 사람들이 어쩌다 혹은 의지를 가지고 하는 일.

멍청하게.

그중에 악이 있다.

종일 뉴스를 듣는다.

오늘, 어쩌면 어제, 어딘가에서 들은 말.

최종적으로는 "개개인의 양심에 기대할 수밖에 없는 상황."

그런데 어떤 양심들의 상태가 내 예상이나 기대보다 처참하다. 그걸 목격하느라 매일 지치고 다친다. 기운을 너무 잃지 않으려면 거리로 나가 사람들 얼굴을 봐야 한다. 이게 옳지 않다고 외치는 사람들을 보고 말을 듣고 그들 곁에서 걷는 일이, 그런 사람들도 세상에 있다는 걸 확인하는 일이 내게 필요하다. (내란 옹호 집회에 참석하는 이들도 이러하면 어쩌지.)

— 오후 아홉시 십이분

화곡동에서 막내가 메시지를 보내왔다.

"이 밤에 헬기가. 어디 가지?"

— **12월 27일 금요일** 오후 두시 십일분

단편 원고를 보름 안에 마무리해야 한다. 팔레스타인 어린이들을 덮친 건축물 잔해를 '웨이퍼'라고 묘사하는 게 옳은가. 적절하지 않다고 생각하면서도 타이핑했고 그대로 두었다. 며칠 그 비유를 생각하다가 어젯밤 원고에서 그 마디를 삭제했다.

계엄 이후로 일기를 따로 모으고 있다. 메모와 기사를 붙여야 해서 이전 일기들 아래 12월 폴더를 만들었는데 기사를 모으지는 않고 일기 본문에 욕(심한 욕)만 붙이고 있다. 욕을 하려고 일기를 여는 것 같다.

내란이 예상보다 길게 이어질 것 같다.

요거트, 냉동 블루베리, 호두, 커피, 작두콩차로 아침과 점심을 먹었다. 디카페인이 아닌 커피는 이제 마시기가 어렵다. 집 안에서도 담요로 몸을 두르고 다닌다. 현기증이 끊이지 않고. 체온이 너무 낮아서 실내로 햇빛이 들어오면 그 자리에 앉아 있다가 책상으로 돌아온다. 언제부터 추위에 이렇게 약한 몸이 되었는지를 생각하다가 서울 강서구 방화동을 떠날 때 마지막으로 살던 집이 생각났다. 주소를 검색해보니 아직 있다. 51년 된 집이 매물로 나와 있다. 지금 그 집에 누가 살고 있을까. 갈라진 벽과 바닥은 수리를 했을까. 지금은 겨울에 보일러를 뗄 수 있을까. 30년 전인데 지번까지 기억한다. 막내도 기억할 것이다. 우리는 아직도 그 집 지번으로 그 시절을 말한다. "우리 방화동 ○○○의 ○○호 살 때."

우리 가족은 1992년에 살던 집을 경매로 빼앗긴 뒤 그 집 그 방에 들어갔다가 1995년 1월 어느 새벽에 다급히 짐을 꾸려 떠났다. 월세가 밀렸기 때문은 아니었다. 아직은 어디에도 말하거나 기록할 수 없는 그 일 때문에, 그 밤에 나는 몹시 겁을 먹었고 부당하다는 생각에 가슴이 아팠고 그리고 무엇보다도 슬펐다.

짐을 실으러 온 트럭이 작아 꼭 가져가야 하는 것들만 가져갈 수 있었다. 뭘 가져가야 하는지, 뭘 가져갈 수 있는지, 뭘 단념해야 하는지를 한번에 생각하는 게 어려웠다. 시간이 촉박했는데 이상하게 졸음을 견딜 수가 없었다. 결국 짐을 꾸리다 말고 짐과 짐 사이에 누워 잠들었다. 삼십분쯤. 누가 깨워 눈을 떠보니 아버지가 어처구니없다는 듯 나를 내려다보고 있었다. 나는 그 잠을 죽음으로 기억한다. 세상을 감각하는 신경 회로를 모조리 끊고 싶은 충동. 졸음이라기보다는 그런 것이었다고 후에 느꼈다. 내가 기억하기로 그와 같은 졸음을 겪은 일은 그날, 그리고 계엄이 있던 밤, 두번뿐이다.

오늘은 더불어민주당이 한덕수 권한대행 탄핵안을 표결에 부치는 날. 한덕수, 최상목, 이주호로 이어지는 릴레이 탄핵으로 국무회의 기능 상실을 우려한다는 제목으로 기사를 뽑은 언론사가 있다.▼ 국무회의 구성원들이 곧 내란 공모 혐의자, 동조자들인데 무슨 기능 상실.

— 오후 세시

국회 본회의.

한덕수 총리 탄핵 표결.

▲ 뉴스1 「한덕수→최상목→이주호 '릴레이 탄핵'?…국무회의 기능 상실 우려」, 2024.12.27.

최상목 경제부총리와 국무위원들, 표결 직전에 탄핵에 반대한다는 기자회견.

환율 천오백원 근처로 치솟음.

국민의힘 의원들은 오늘 표결에 불참.

— 오후 세시 오십삼분

탄핵안 표결 시작. 더불어민주당 박성준 의원이 제안 설명을 하고 있다.

국회 본회의 생중계를 고스란히 듣기가 어려워 음악을 틀어두었다.

— 오후 네시 오분

한덕수 권한대행의 탄핵소추안 투표가 진행되는 동안 국민의힘 의원들이 국회의장석 앞까지 몰려가 팔뚝질을 하고 있다. 하는 모양을 보니 해본 적 없다는 걸 알겠다. 이 와중에 손바닥을 펼친 채 팔뚝질하는 의원도 있구나. 생중계로 회의를 지켜보는 시민들이 "원천무효, 직권남용, 의장 사퇴"를 반복하는 그들의 말을 받아 "온천무료, 의장착해"

를 실시간 채팅창에 올리고 있다. 국민의힘이 의장석 앞에 모여서 시위하는 상황을 배경으로 검찰발 속보가 자막으로 뜨고 있다.

"검찰 '대통령, 경찰 수뇌부에 직접 국회 통제 지시'."
"대통령, 경찰청장에게 국회의원 전부 체포 지시."
"윤, 총 쏴서 문 부수고 들어가서라도 끌어내 지시."
"윤, 계엄 해제해도 2번, 3번 선포하면 되니 진행."
"대통령, 도끼로 문짝 부수고라도 끄집어내라 지시."

국민의힘이 지키고자 하는 게 뭘까.

― 오후 네시 이십구분

투표 끝.

재석 192명 중 192명 찬성으로 한덕수 권한대행 탄핵안 가결.

— **12월 29일 일요일** 오후 네시 오십구분

전남 무안공항에서 제주항공 소속 항공기 사고가 났다.

보잉 737기. 181명 탑승.

랜딩 기어가 내려오지 않아 활주로를 몸체로 밀고 가다가 벽에 충돌했다.

항공유를 버릴 틈도 없어 폭발이 컸던 것 같다.

— **12월 31일 화요일** 시간기록없음

올해 마지막 날 예정된 비상행동의 탄핵 집회는 취소되었다.

끝까지 항공기를 멈춰보려 애쓴 기장의 마지막 모습이 불쑥불쑥 생각난다.

희생자들.

유가족들.

올해 세밑이 너무나 가혹하다.

— **1월 2일 목요일** 시간기록없음

독감 백신을 맞았다. 단편은 거의 끝나간다. 하루가 길고 짧다.

요즘은 졸려서 자는 것이 아니고 궁지에 몰려 스위치가 내려오는 것처럼 잠이 쏟아진다.

매일 잠자리에서 일어나려면 최선을 다해야 한다.

최선을 다해 일어나고, 이를 닦고 물을 조금 마시고 나면 바로 엎드려 플랭크를 한다. 플랭크, 사이드 플랭크, 트위스트 플랭크, 레그 업 플랭크, 레그 오픈 플랭크, 다시 플랭크. 제일 싫어했다가 제일 좋아하게 된 운동이었는데 이젠 별 감흥 없다. 좋지도 않고 싫지도 않고. 숨 쉬는 게 좋고 싫어서 하나. 그냥 한다.

해 지고 나서 공원을 한바퀴 돌고 왔다. 실내에서 창을 열면 십분을 버티지 못할 정도로 추운데 막상 바깥에서 걸으니 그다지 춥지 않았다. 소리천과 호수는 얼었다. 얼음 위에 새들이 무리 지어 있는 것 같아 한참 보았지만 잘 보이지 않았다. 이제 어둠 속에 있는 것들은 거의 보이지 않는다. 다만 물이 일렁일 때, 새가 움직이고 물살이 일어 반짝일 때, 거기 누가 있다는 것을 알 수는 있다. 김보리와 저녁 산책을 하면 저기 봐, 저기 오리가 있어, 하고 속삭인다. 안 보여, 하고 대꾸하면 시무룩해하니까 대강 그쪽을 보며 그러네, 그러네, 한다.

오늘은 소리천의 얼음이 제법 두꺼워 보여 얼음 가장자리에 잠시 서보았다. 산책로에 새가 뜯긴 흔적이 두군데나 있었다. 솜털과 깃털, 핏자국, 얇은 뼈, 뭉개진 살점. 마구 내던지며 해체한 흔적이었다. 번화가 근처, 너무 공개된 길에 흩어져 있어 사람이 저지른 짓 같다는 생각을 했다.

지난 며칠 사이에.

최상목 권한대행이 국가애도기간을 선포했고.

윤석열은 국민과 고통을 함께하겠다는 성명문을 발표했고.

국민의힘 권성동 의원은 "여야 정쟁을 멈추고 수습에 만전을 기하자"는 말로 마무리하는 기자회견을 했고.

제주항공은 유가족을 만나기도 전에 기자들을 모아놓

고 10억 달러 보험에 가입되어 있다고 발표했다.

참사가 일어나면 보험 액수부터 파고드는 언론과 보상금부터 밝히는 사고 책임 주체들.

품위와 예의와 조심이라고는 한점 찾아볼 수 없는.

이 시국에 놀러 나가냐, 등등의 희생자 비난도 있는 모양이다.

승무원인 생존자 두 사람을 향한 비난도.

참사가 있을 때마다 너무너무 익숙하게 보아온 흐름이지만 이제는 이 흐름에 문제가 있다고 지적하는 사람도 많다.

12월 31일에 윤석열 체포영장이 발부되었는데 집행이 되지 않고 있다. 경호처에서는 체포에 저항할 것을 예고했다. 영장이 발부되었다는 뉴스가 나간 뒤 윤석열의 지지자들이 한남동 관저 앞으로 몰려가 바닥에 드러누웠다.

이 와중에 국민의힘 김민전 의원은 "트랙터를 몰고 나온 전농의 시위는 밤중에 살짝 끝난 계엄과는 비교할 수 없는 폭력성으로 다가옴"이라는 문구가 포함된 입장문을 온라인에 올린 모양이다.

"밤중에 살짝 끝난."

계엄이 그 밤중에 저지되었던 이유는 망설이지 않고 바로 그 자리로 달려 나간 시민들과 야당 의원들, 보좌관들, 국회 사무관들, 언론인들 덕분이다. 그것을 어떻게 저렇게 말할까.

어떻게 살면, 도로를 달릴 뿐인 트랙터를 극심한 폭력으로 느낄 수 있을까.

아니다.

'도로를 달릴 뿐'이 아니었기 때문에 그것을 폭력이라고 느꼈을까. 남태령의 밤을 함께 버텨 길을 연 사람들이 한강진까지 나아가는 트랙터들을 보며 '멋짐'을 느꼈기 때문일까. 시민들이 도로를 달리는 트랙터를 보며 '우리가 동시에 멋짐'을 느꼈기 때문에, 그랬다는 걸 알기 때문에 그 전진을 폭력이라고 느꼈을까.

어떻게 살 작정일까.

한남대교가 통제되고 있다는 소식. 어쩌면 오늘내일 경찰기동대를 동원한 체포 시도가 있을지도 모르겠다. 단번에 끝났으면 좋겠다. 누군가 다치지 않기를 기도한다.

— **1월 3일 금요일** 오후 두시 사십분

공수처와 경찰 체포조가 오전에 한남동 관저로 윤석열을 체포하러 들어갔다가 다섯시간 만에 나왔다.

경호처 직원과 군인 수백명이 바리케이드를 이루고 있을 관저로 진입하는데, 공수처 쪽은 인원도 장비도 턱없이 적어 보였다. 오동운 공수처장을 향한 의심. 공수처가 준비도 작전도 의지도 없었던 것 아니냐는 비난을 받고 있다.

— **1월 4일 토요일** 오전 열두시 팔분

어제 1월 3일 금요일.

체포에 응하지 않고 관저에 틀어박힌 윤석열 때문에 한강진에 사람들이 모였다. 민주노총이 즉각 체포를 촉구하는 자리를 한남동 관저 앞에 마련했고 비상행동이 거기 합류했다. 퇴근하는 김보리를 공덕에서 만나 한강진역으로 이동했다. 전철에 사람이 많았다. 열차에서 내려 출구를 향해 올라가는데 우리와 같은 객차를 타고 온 젊은 남성 둘이 갑자기 의기양양한 기색으로 외쳤다. "자, 이제 중공 것들 잡으러 가는 거야." 둘 다 검은 외투를 입었고 납작한 노트북 가방을 메고 있었다. 그들은 에스컬레이터를 타고 내려오는 노인들을 향해 파이팅, 하며 주먹을 들어 보였다. 성조기와 태극기를 쥔 노인들이 환하게 웃으며 파이팅, 하고 그들에게 화답했다. 희끗하게 센 머리를 보고 동료라고 생각했는지 내게도 파이팅, 하고 말했다. 물끄러미 바라보자 얼굴을 찡그린다.

집회 자리를 찾아가다가 김보리와 둘이서 극우 집회를

관통했다. 육교를 내려가는데 우리보다 앞서 계단을 내려가던 젊은 여성이 토트백에서 경광봉을 꺼내 들었다. 길을 잘못 들었다는 걸 그때 알았다. 붉은 경광봉을 든 사람들이 육교 아래 도로를 메우고 있었다. '멸공봉'이라고 부른다는 그 붉은 막대기가 한 자리에 빼곡하게 모여 점멸하는 광경을 보니 살기가 느껴졌다. 무대에 오른 젊은 남성은 이놈도 저놈도 잘못했으니까 민주당과 국민의힘 모두에 사과를 받아야겠다며 비아냥거리는 말투로 말하고 있었다. 노인들이 경광봉을 흔들며 그에게 환호를 보냈다.

김보리와 혼비백산해 그 자리를 빠져나왔다. 이걸 봐서 다행이라고 김보리는 몇번이나 말했다. 직접 보지 못했다면 다 노인들이라고 생각했을 거라면서.

한강 방향으로 내려와 일신홀 앞에 앉고서야 한숨 돌렸다. 사람들 뒷모습을 바라보았다. 노래를 따라 불러도 될까, 망설였다. 깃대에 검은 리본을 매고 나온 기수들이 많았다. 좌우로 몸을 흔들다가 2025년, 올해 첫눈을 맞았다.

무대에 오른 발언자 중에 각자 자신의 정체성으로 인

사를 나눠보자고 제안을 한 사람이 있었다. "나는 ○○○."
나는 뭐라고 입을 떼지 못했다. 사람들이 뭐라고 하는지,
이 많은 사람이 한꺼번에 각자 목소리를 내 자신을 이르면
어떤 소리로 들리는지 들어보려고 했지만 그건 다만 '어떤
소리'였다. 웅웅거리는, 와와거리는. 누군가는 그 속에서 용
기를 내 처음 말하기도 했을까. 곁에 앉은 사람을 덜 두려
워하면서.

수없이 장갑을 벗었다 꼈다 하며 자유발언 내용을 메
모했다.

잠깐 사이에도 손이 너무 시렸다.

가수 연영석이 「윤식이 나간다」를 부르고 있을 때, 쓰
러진 사람이 있다며 노래가 중단되었다. 노래를 중단시키
고 상황을 알리는 박민주 활동가의 목소리가 떨리고 있었
다. 이번 시국 내내 단단한 음성과 차분한 진행으로 많은
이들에게 의지가 되었던 그가 처음으로 그런 목소리를 냈
다. 다들 기다렸다. 찍지 마, 찍지 마, 하고 번져 오는 말을
따라 하기도 했지만 대개는 말이 없었다. 걱정이 되어 다들

앞을 바라보며 침묵했다.

누가 그랬나. 케이팝과 응원봉의 물결을 보며 축제 같다고.

그런 면도 물론 있지만 이 집회의 가장 깊은 근원을 나는 그 순간에 본 것 같았다. 슬픔. 저마다 지닌 것 중에 가장 빛나는 것을 가지고 나간다는 그 자리에 내가 바로 그것을 쥐고 나갔기 때문인지도 모르겠다. 누군가의 무사를 바라며 앉아 있었다.

사람들이 그 자리에 남아 밤샘 집회를 하고 있다.

눈 내린다.

파주에도 서울에도.

— **1월 5일 일요일** 오후 시간기록없음

어제 1월 4일 토요일.

오후에 광화문 동십자각에서 출발한 범시민대행진이 명동에서 행진을 마친 뒤 한강진으로 이동했다. 관저 앞에서 밤샘 집회를 한 민주노총을 만나러. 걸어서 갈까, 고민하다가 전철을 탔다. 명동역에서 전철을 타고 한강진역으로 이동했고 거기서 (성조기 세력에게 욕을 몇마디 들었고) 대기 중인 행렬에 합류해 관저 앞으로 갔다. 이날은 동생들이 나눠준 '윤석열 탄핵봉'을 외투 주머니에 넣고 나갔지만 꺼내지는 않았다. 그 이름이 내 손에서 앙증맞게 반짝이는 걸 보고 싶지 않아서. 전날처럼 일신홀 앞에 자리를 잡았다. 김보리에게 다른 일정이 있어 나 혼자였다. 내 옆에 앉은 젊은 여성도 혼자 온 것 같았다. 자리에 앉자마자 도시락을, 꼬마김밥을 담은 스티로폼 접시를 무릎 앞 길바닥에 꺼내두었다. 랩으로 덮었어도 밥이 얼 텐데. 먹겠다는 의지보다는 거기서 오래 버티겠다는 의지로 느껴졌다. 그렇게 앉아있다가 어느 쪽에서 온 건지 모를 캐러멜과 치즈 크래커를 나눠 받았다.

공식 집회가 끝나고 나는 자리를 떴지만 많은 이들이 어젯밤, 한강진 관저 앞을 떠나지 않았다.

'한강진 대첩'과 '키세스단'이라는 이름이 생겼다. 아침 뉴스를 통해 그들을 보았다. 서울 지역에 대설주의보가 내린 날. 사람들 몸을 덮은 은박 담요 위로 눈이 쌓여 있었다. 전날처럼 또 누군가는 남을 거라고 생각했지만, 그렇게 많은 이들이 그런 모습으로 밤을 보낼 줄은 몰랐다. 그렇게 다시 서로를 돕고 살피며 밤을 보낼 줄은.

남태령 이후로도 이런 사건을 목격했다는 것은 이 나라 구성원으로서 내가 누리는 복일까.

도대체 이 마음을 어떻게 글이나 말로 정리해야 할지 모르겠다.

너무 미안하고.

놀랍고.

고맙고.

그리고 미안하고.

고맙고.

아직도 사람들이 남아 있는데 나는 이러고만 있다.

잠깐이라도 다녀올까, 했지만 엄두를 내지 못하겠다.

오늘은 정말 단편 원고에 집중해야 하고. 그리고 무엇보다도 거기 갔다가 집으로 돌아올 여력이 없다.

어쩔 줄 몰라 앉아만 있다.

— **1월 6일** 오후 세시 삼십분

오전에 소설을 쓰는 동안 대화를 끝없이 쓰고 지웠다.

"너는 악을 얼마나 생각해?"

"나는 악을 자주 생각해."

서른다섯줄을 쓰고 그중에 다섯줄 남겼다.

윤석열을 체포하지 못한 채 영장 유효기간이 끝나는 날이다. 공수처가 체포영장을 재청구할 것이다. 그렇게 하지 않으면 사람들이 가만히 있지 않을 것이다. 민주노총이 한강진에서 오후 두시부터 마무리 집회를 하고 있다. 남태령에 이어, 한강진이라는 지명을 역사로 만든 3박 4일 밤샘 집회가 곧 끝난다.

어제부터 내내 기운을 내지 못하고 원고 앞에 앉아 있다.

그는 왜 아직도 관저에 있을까.

해를 넘겼고.

그 밤 이후로 한달이 지났는데.

해를 넘길 일인가.

지난 주말 한강진에서 본 또다른 사람들이 머릿속에 들어와 있다. 붉은 경광봉들. 태극기와 성조기를 단 깃대를 장검처럼 등에 꽂고 보초를 서듯 돌아다니던 노인. 무대에서 투덜거리던 젊은 남성의 목소리. 중공 것들 운운하며 기세등등하던 뒷모습. 오가는 행인을 보며 편을 가늠하느라, 환영과 적대 사이를 순식간에 오가느라 진동하던 얼굴들. 지난주 한강진을 담은 영상에서는 어떤 남자가 허리 높이쯤 되는 가드레일 위로 올라가 머리부터 떨어져 죽겠다고 공갈하고 있었다.

이 내란 사태는 왜 이렇게 내게 개인적일까.
왜 이렇게 낯익고, 내밀한 폭력으로 다가올까.

기운을 좀 내려고 탄핵 플레이리스트를 틀어두었다. 지난 한달 내내 이 음악들을 들었다. 산책할 때에도 운동할 때에도 광화문 동십자각이나 관저 앞으로 집회 참석하러 가는 길에도 파주로 돌아오는 길에도 듣는다. 김광석의 「일어나」, DAY6의 「한 페이지가 될 수 있게」, 유정석의 「질풍가도」, 소녀시대의 「다시 만난 세계」, 안예은의 「봄이 온다면」을 '2025 탄핵'이라는 제목으로 모아두었다. 김보리가 「봄이 온다면」을 따라 부르곤 해 같이 집회 가는 길엔 그 노래를 많이 듣는다. 노래 속에서 가수 안예은이 "만세!" 하고 부르면 눈물이 난다. 그리고 입을 꼭 다물고 힘내기.

만세!

물 떨어지는 소리에

— **1월 14일 월요일** 오전 네시 삼십일분

물 떨어지는 소리에 잠에서 깼다.

보름달에 가까운 둥근 달이 떴는데 비가 오고 있다.

꿈이 아니다.

난간이 젖었다.

— 오후 시간기록없음

새벽에 본 비가 다 안개였을까. 살얼음 때문에 서울과 파주를 잇는 도로에서 추돌 사고가 일어났다고 한다. 합산 44중이라는 보도도 있고 43중이라는 보도도 있다. 오늘 아침엔 안개가 짙다고 말하며 집을 나서는 김보리를 유심히 보았다. 그냥 매일이 그렇다. 아침에 집을 나서는 김보리를 배웅하지 않으면 종일 찜찜하다. 김보리는 요즘 소금빵을 닮은 신발을 신고 다닌다. 색도 모양도 펑퍼짐하게 눌린 소금빵을 닮았다. 그걸 신고 돌아다니는 김보리를 볼 때마다 웃음이 터진다. 너는 소금빵에 발을 넣고 다녀, 하고 내가 웃을 때마다 이 신발은 말이지, 하고 김보리가 말한다.

이 신발은 말이야,

따뜻한 것이 장점,

발을 전혀 보호해주지 않는다는 것이 단점이야, 하며 웃는다.

매일 출퇴근 전철에서 발을 밟히지 않도록 신경 쓰고 있단다.

어제는 꿈에 고양이를 보았고 그가 나를 부르는 소리를 들었다.

둘째 고양이. 첫째는 또 어딜 헤매고 있는지 꿈으로도 오지 않는다.

이름을 두번 부르며 깼다.

오랜만에 보았다.

체포는 아직.

24시간 이내 2차 체포 시도가 있을 거라는 소식이 이어지고 있다.

— **1월 15일** 오후 여섯시 칠분

윤석열이 오늘 한남동 관저에서 체포되었다. 오전 열시 삼십칠분.

그를 체포하러 공수처가 들고 간 수색영장에 '내란우두머리'로 죄명이 기록되어 있다.

— **1월 24일 금요일** 오전 여섯시 칠분

18일과 19일 사이에.

단편 원고를 마감했다.

1월 18일 토요일에.

경복궁 앞에서 열린 집회에 열네살, 열살 조카와 참석했다. 둘째 조카는 11월 광화문에서 열린 집회에 이미 간 적이 있고 첫째 조카는 이번이 처음이었다. 어른들이 권한 것은 아니고. 가보고 싶다고 먼저 말했다고 한다. 동생들, 조카들과 종로에서 광화문까지 걸어서 이동했고 의정부지 역사유적광장에 앉아 있었다. 바람은 많았지만 크게 춥지는 않았다. 명동까지 걸었다. 집회가 끝난 뒤에는 다 같이 전철을 타고 등촌동으로 이동해 저녁을 먹었다. 젓가락을 쥔 둘째 조카의 손이 아무래도 내 손보다 큰 것 같았다. 손바닥을 대보니 나보다 손가락이 반마디쯤 더 길었다. 이제 열살 조카보다 '작은 손'이 되었는데 그게 즐거웠고 좀 뭉클했다. 그 조카가 학교 과제로 만든 것이라며, 막내가 사진을 보여주었다. 색종이와 마분지를 사용해 집을 만들고 이것저것 붙여 잔디를 표현한 마당에 색실로 '민주당'이라고 글씨를 써놓았다. 막내의 말로는 자기도 영문을 모르겠단다. 네살 때 내 책꽂이에 연필로 '민요상'이라고 적어 이름을 붙여준 조카가 올해 학교 과제에 '민주당'이라고 썼다. "야, 엄마가 너무 했네." "아니, 내가 종일 뉴스를 들으니까." 웃으면서도 마음이 복잡했다.

이튿날 아침.

단편 원고를 보내려고 새벽까지 책상 앞에 앉아 있다가 서울 서부지방법원 습격 속보를 보았다.

19일 오전 세시 조금 넘어서, 서울서부지방법원 차은경 판사가 "증거를 인멸할 것이 우려된다"며 구치소에 수감된 윤석열에게 구속영장을 발부했다. 그러자 그를 지지한다는 사람들이 그 새벽에 순식간에 모여 서부지법 외벽과 창과 문을 부수며 법원 안으로 들어갔다. 이 과정에서 경찰관 수십명이 부상을 입었고 세명은 중상을 입어, 그중 누군가는 실명할 수도 있다고 한다.

목적이 뭘까.

뉴스를 읽고 보는 동안 어리벙벙해 계속 생각했다.

이 폭동이 자기들 목적에 어떻게 이로울 수가 있나. '국민의 저항권'("저항권이야, 씨발")을 운운한 모양인데 어떻게 이토록 멍청할 수가.

영상 뉴스를 끝까지 보기가 어려웠다. 떼로 모여 바글바글 들끓는 것 같은 뒷모습들을 보며 여러번 껐다 말았다 했다. 그 폭력들이 화면을 넘어 바로 곁으로 다가오는 것 같았다. 법원 안을 뒤지고 돌아다니며 구속영장을 발부한 판사의 이름을 외치는 목소리가 너무 끔찍했다. 그 말투, 그 거리낌 없음, 그 오만함, 반드시 찾아내 치명적 상처를 입히고 말겠다는 적의며 앙심. 굳이 책상을 밟고 올라가 사무용품들을 내던지고 발로 차는 모습도. 그 모든 게 내게는 정치적 입장의 표출이 아니고 어떤 욕구를 충족하려는 영역 표시로 보였다. 그렇게 할 수 있다는 것을 스스로 확인하고, 세상에 그 모습을 흩뿌리는 것 외에 목적이랄 게 없는 파괴들.

현장에서 체포된 사람 중 절반 이상이 이삼십대 남성이라는 뉴스 보도가 있었다. 같은 세대 여성들이 이 나라 민주주의와 헌법을 지키려고 추운 날 거리를 돌아다니고 서로를 돌보며 밤을 새우고는 할 때, 저들은 비틀린 세계 인식과 자아 인식으로 국가기관인 사법부에서 난동을 부렸다. 대가를 치를 것이다. 동시에 이 광경을 봐야 하는 사회 구성원들도 대가를 치르고 있다는 생각이 든다. 누가 그들에게 그렇게 해도 된다고 가르쳐온 걸까. 1월 19일 새벽, 우리 사회가 그간 육성해온 일부가 크게 자라나 이 괴상망측한 열매를 거뒀다는 생각이 든다. 아니다, 이것도 과정이지, 결과도 아닐 것이다.

젊은 남성들의 이 고집스러운 고립이 징그럽다. 뭘 어떻게 하면 좋을까. 냉소와 혐오와 자기연민과 기만으로 가득한 그들이 놀이 삼아 자신과 타인의 삶을 조롱하고 위험에 빠뜨리는 일은 이제 더 보고 싶지 않다. 불법 계엄이라는 국가폭력이 그들과 너무도 매끄럽게 연결되어 있다. 스펙트럼으로 이 내란을 보면 윤석열이 그들의 일면이기도 할 테니까.

짱 나.

당분간은 "씨발"이라고 혼자 욕도 못하겠다.

이 와중에 이 법원 난동을 말로 감싸는 이들도 있다.◀
2025년 버전의 '백골단'◀◀을 국회로 들인 사람들이니 그럴 만하다, 싶으면서도 내가 만들지는 않았지만 기꺼이 따르고자 했던 사회적 합의가 엉망진창이 되는 모습을 요즘 매일 보고 듣고 겪는다는 생각에 우울하다. 이런 광경을 보는 것만으로도 무력감이 있고.

나는 딱히 상식의 편도 아니었는데, 이 사회 상식의 수준이 무너져가는 걸 지켜보는 고통에 시달리고 있다. 근데 이제 그 말투가 생각나 씨발도 입에 올리지 못하는.

◀ 한겨레 「난동인데…옹호해야 하는 국민의힘, 궤변 퍼레이드」, 2025.1.21.
◀◀ MBC 「국회로 '백골단' 데려온 친윤 김민전…"대통령 체포 중단하라"」, 2025.1.9.

— **2월 5일 수요일** 오후 시간기록없음

설이 지났다. 연휴 내내 혼자 있었다. 단편 교정지를 보았고 계간지에 보낼 일기 원고를 정리했다. 계엄 이후로 두 달 동안의 메모나 일기를 달라는 청탁이었는데 1월 4일까지, 한달의 기록만 보내기로 했다. 청탁받은 분량을 이미 두배 넘겼고 뒤 내용을 마저 정리할 힘이 부족하다. 매일 사건과 뉴스와 충격이 이어져 오늘의 일기가 어제의 일기를 늘 초과한다. 점점 더 볼륨을 늘리기만 하는 메모와 반복되는 말 들이 일기로 쌓여 있어서 선택과 정돈이 어렵다. 어차피 일기를 쓰고 있어 받아들인 청탁이었는데 너무 쉽게 생각했나보다.

정리하는 과정에서 지나간 시간을 다시 겪었다. 원고를 보다가 몸이 식고 땀이 흐르고 현기증이 나기를 반복했다. 1월엔 서울로 가는 경의중앙선 전철 안에서도 그것을 몇번 경험했다. 손이 저릿저릿할 때쯤에야 숨을 쉬지 않고 있었다는 걸 안다. 숨 쉬지 않고 있었네, 하고 안 순간부터는 정말 숨을 들이쉬기가 어려워서 주저앉지 않으려고 애써야 했다. 눈으로 보는 광경이 현실 같지가 않았다. 사람 많은 장소가 어려워졌기 때문인가, 싶었는데 김보리가 모는 차 안에서도 두번 겪었다. 자력으로 숨을 들이마시기가 어려워 식은땀을 흘리며 누워 있었다. 그러다 또 금방 괜찮아진다. 서울 가는 길, 자체가 문제인가.

11월에 도로 사고에 휘말렸고 12월에 계엄을 겪었다. 둘 중 어느 쪽 영향이 클까, 생각해보니 비슷한 증상이 벌써 전부터 있었다. 처음 이것을 '증상'으로 인식한 때는 10·29참사 1주년을 맞아 서울광장에서 시민추모대회가 열린 날이었다. 서대문에서 광화문 쪽으로 이동하는 차 안에서, 그 뒤로는 2024년 10월에, 김초롱 작가와 아몬드 출판사의 초대로 이태원에서 열린 낭독회에 참석하러 가는 길에 호흡 곤란을 겪었다.

그리고 작년 12월부터는 내내. 그러니까.

가해자가 분명한 병이다.

내가 약해서가 아니야.

— **2월 13일 목요일** 오후 네시 일분

계간지 일기 원고를 마감했다.

마무리가 마음에 걸린다. 한강진 뒤로도 쌓인 일기를 뒤적이다가 결국은 단념하고 잘라냈다. 그렇게 끝내면 안 되는 원고였는데. "오늘 일어난 일이 늘 어제 일어난 일을 초과해 일기 쓰기가 어려워." 일기를 원고로 정리하는 내내 그 말을 입에 담고 살았다. 지난 두달은 아름답고 좋은 것들도 선명하게 확인할 수 있었던 시간이었지만 그보다 내게는 오염의 시간이었다. 뭐가 오염되었느냐면.

매일 갱신되는 새로운 사건과 경악과 한계가 없는 것 같은 질 낮음으로, 어제의 경악이 오늘의 경악으로 무뎌지는 일이 반복되어서, 그런 식으로 세상을 향한 감感이 오염.

두개 원고를 마무리했으니 이제 장편으로 돌아가야 한다.

아직 읽지 않은 크리스티안 보뱅의 책이 몇권 더 있다는 것을 알았다. 그걸 온라인 장바구니에 담고 결제하다가 커피 저그를 엎었다. 한잔만 따라 마시고 남은 양을 전부 책상에 쏟았다. 몸이 커피로 젖었는데 책상과 책부터 닦았다. 바닥을 닦으면서 어처구니없어 웃었다. 전화로 투덜대니 안경을 쓰라고 김보리가 말했다. "일할 땐 안경을 써." 그러게. 이제 안경을 쓰지 않으면 모니터나 책 글자들이 잘 보이지 않는다.

시력이 너무 떨어졌다. 넉달 사이에 시력 검사표에서 석줄이 흐릿해졌다. 시신경이 유의미하게 사라진 것은 아니고 근시가 빠르게 진행되고 있다고 한다. 그래도 안경을 사용하고 싶지 않다. 안경을 쓰고 책을 보면 글자는 더 또렷하게 보이지만 종이 결이나 글자를 둘러싼 작은 보푸라기들이 보이지 않는다. 내가 사랑하는 미세한 것들이 그 자리에 없는 것처럼 사라진다. 종이를 같이 읽지 않는 독서는 내게 좀 허황하고 밋밋하고 서먹하다. 지면이 아닌 화면을 보는 것 같아서. 글자가 더 또렷하게 보이면 종이도 더 또렷하게 보여야 하지 않나. 영문을 모르겠다. 십년 전 안경이라서일까?

새들이 다녀간 흔적으로 베란다가 어지럽다. 눈을 밟고 다녀서. 햇빛이 드는 쪽 눈은 다 녹았다. 서부해당화가 올해 봄에도 꽃을 피울까. 작년 가을에 뿌리를 다쳤다. 김보리와 둘이서 서투르게 분갈이를 하다가 상처를 냈다. 오랜 화분은 차라리 깨야 한다는 걸 몰랐다. 바람에 쓸려 가지가 패이고도 더 굵고 튼튼하게 자란 나무이니까 버텨주기를, 기다리고 있다.

윤석열은 파면될 것이다.

매일 그 생각을 하고 이게 되지 않는다면, 하고 생각한다. "이게 되지 않는다면." 그 뒤가 절벽이다. 어떻게든 시간은 흘러갈 테지만 만약 그렇게 된다면 어디에서 세상을 볼 힘을 얻어야 할까. 하지만 그게 되지 않는다고 해도 실망하지 않을 것이다. "실망." 계엄이 있고 얼마 뒤에 집을 방문했던 집수리 기술자를 요즘 자주 생각하고는 한다. 그가 내게 물었고 내가 그 말에 대답했기 때문인 것 같다. "(탄핵안이 부결되어서) 실망스러워서 어떡해요." 실망. 내가 정말 그것을 느꼈나. 모르겠다. 하지만 더는 그 말을 하고 싶지 않다. 그간 애쓰는 사람을 너무 많이 보았다. 시민들, 정치인들, 언론인들. 그러니 내가 뭐라고 실망을 하겠나. 내가 세상에 뭘 내주었다고 실망씩이나, 내가 그에게 뭘 해주었다고 실망씩이나 해. 내 입에 오르면 세상 치사한 말이 되는 것 같다. 마치 전혀 연루되지 않았다는 것처럼, 그 말을 할 때.

— **2월 23일 일요일** 오후 여섯시 이십구분

잠자리에서 정오 넘어 일어났다. 간밤, 거실에 매트를 깔고 잠들었는데 김보리가 나를 털어내듯 이부자리를 걷어냈다. 계엄 이후로 유산소운동을 거의 하지 않아 몸이 무겁다. 장 보러 나갔다가 돌아오는 길에 카페에 들렀다. 채광이 좋은 큰 창을 피해 그늘진 자리에서 커피와 초콜릿, 스콘을 먹었다. 나오며 커피를 한잔 더 사서 집에 돌아와 천천히 마셨다. 주말엔 이렇게 남이 내린 커피를 마시는 게 좋다. 김보리가 저녁을 만들겠다며 김밥을 말고 있다. 당근과 달걀을 넣은 김밥을 만들겠다고 해 당근을 썰어두고 다락방으로 올라왔다.

앨리 스미스의 사계 연작에서 빠져 있었던 『겨울』을 샀다. 『닥터 지바고』를 펼쳤다. 오래 벼르다가 겨울에 읽으려고 꺼내두었는데 계엄이 '터져서' 첫 페이지도 다 읽지 못했다. 그래도 이런저런 소설을 다시 몰입해 읽고 있다. 책을 읽을 수 없다면 내겐 정말 문제가 생긴 것이다. 그것으로 내 상태를 가늠한다. 책을 읽고 살다보면 읽어도 읽어도 무감할 때가 꼭 오지만, 그렇지 않을 때가 다시 온다. 오늘처럼. 윤석열은 퇴출될 것이다. 어제는 서울 가는 길에 원당에 들러 고사리를 두 포트, 그리고 중간 크기로 호프셀렘을 샀다. 호프셀렘의 들쭉날쭉한 잎이 무화과를 생각나게 했다. 책상 근처에 두었다. 고양이들을 보낸 뒤 집에 식물을 들이기 시작해서 이제는 제법 많다. 베란다에 나가 있던 화분들 말고 실내 화분들. 매일 들여다보고 만지며 물 줄 때를 가늠하고 바람과 햇빛을 잘 받고 있는지 틈날 때마다 바라본다. 함께 살던 개나 고양이가 떠난 뒤 이렇게 되는 사람이 나 말고도 적지 않은가보다. 김보리가 일하는 사무실 동료의 아버지가 광주에서 그러고 있다는 이야기를 어제 들었다.

— **2월 27일 목요일** 오후 여덟시 오분

지난 2월 25일.

헌법재판소에서 윤석열 탄핵 재판의 최후 변론이 있었다. 국회 측 대리인인 장순욱 변호사의 최후 변론이 내게 무척 아름다웠다. "오염"이라는 말로 내 상처의 원인을 부드럽게 짚어주는 것 같았다. 말헌법의 오염. 바로 그것을 내가 견디기 어려웠다. 정확한 말이 건네는 위안을 받았다.▼

▲ "존경하는 재판관님, 피청구인은 자유민주주의를 무너뜨리는 언동을 하면서 자유민주주의의 수호를 말했습니다. 헌법을 파괴하는 순간에도 헌법 수호를 말했습니다. 이것은 아름다운 헌법의 말, 헌법의 풍경을 오염시킨 것입니다. 제가 좋아하는 노래 가사에 이런 구절이 있습니다. 세상 풍경 중에서 제일 아름다운 풍경, 모든 것들이 제자리로 돌아가는 풍경. 이 노랫말처럼 모든 것들이 제자리로 돌아가고 우리도 하루 빨리 평온한 일상으로 돌아갈 수 있기를 소망합니다. 저는 그 첫 단추가 권력자가 오염시킨 헌법의 말들을 그 말들이 가지는 원래의 숭고한 의미로 돌려놓는 데서 시작되어야 한다고 믿습니다. 국민과 함께 이 사건 탄핵 결정문에서 피청구인이 오염시킨 헌법의 말과 헌법의 풍경이 제자리를 찾는 모습을 꼭 보고 싶습니다."

— **3월 7일 금요일** 오후 여섯시 이십오분

윤석열의 구속이 취소되었다.

지귀연 판사. 서울중앙지방법원 형사합의25부 재판장.

어제는 경찰 쪽에 윤석열 라인이 대거 승진했다는 뉴스가 있었는데 오늘 법원에서 이런 판결이 있으니 몹시 불안하다. 사람들이 어떤 노력을 해 그를 구속했는데, 한 판사가, 전례 없고 법에도 없는 방식으로 구속 기간을 '날'이 아닌 '시간'으로 셈을 해 그를 석방하기로 했다. 각종 뉴스에 출연한 법조계 사람들도 이유를 몰라 당혹스럽다는 반응이다. 이 상황을 그저 지켜봐야만 하는 시민들의 불안이 얼마나 큰가. 사회를 향한 이 불신의 값을 누가, 어떻게 치르니. 그저 한때 공부를 잘해 ㄱ 자리에 들어간 한 사람이, 한 사회 시스템과 공동체의 정서를 이렇게나 뒤흔들고 있다. 계속, 계속.

이것 봐. 나는 실은 이런 생각을 하고 싶은 사람도 아닌데. 시스템이 고루하다고 믿는 입장이고, 사형제도에 반대하는 입장인데. 이 시국의 몇몇 사람들이 내게 다른 입장을 가능하지 않게 만든다.

    읽을 책을 고르려고 책장을 넘기다가 우연히 본 문장. "연결성이라는 사슬로 이어져 모두가 동등하다."▼ 나도 이런 말을 쓰고 싶다. 이런 시선과 마음으로 세상을 보고, 인간을 향해 돌돌 구부러드는 생각은 접어두고, 보고 듣는 것만을, 찰나의 생각만을 기록하며, 삶이 내게 주는 감각을 편견 없이 흠뻑 음미하고, 그렇게 살고, 쓰고 싶다. 그런데 자꾸 더러워진다. 산다는 건 결국 더러워진다는 것이지만, 더러운 도랑물을 마시며 사는 것이지만, 우리가 원하든 원하지 않든 이미 연결되어 있기 때문에, 다른 물줄기, 다른 삶에서 내 삶으로 흘러드는 물을, 타인의 삶에서 흘러나온 피가 스며든 도랑의 물을 내 도랑의 물로 받아 마시며 사는 일이고, 그래서 내가 받아들이거나 말거나 삶이란 끊임없이 더러워지는 일이지만.

    이런 오염은 싫다.

    ▲ 다이애나 베리스퍼드-크로거 『세계숲』, 노승영 옮김, 아를 2025, 67면.

이름들을 기록해두고 싶다.

윤석열, 한덕수, 최상목, 심우정, 이제 지귀연.

공부를 잘한다는 건 뭘까. 내란 이후로 엘리트 카르텔과 부패의 면면을 이렇게 속속 확인하고 보니 이 사회의 '공부'가 틀렸다는 걸 새삼, 정말로 뼈가 아프게 알겠다. 이제 이 사회에서 어떤 이가 공부를 잘하고 '좋은' 대학을 나왔다는 건, 그를 양육한 보호자들에게 경제적, 문화적, 인적 자원이 충분했다는 것 말고, 무엇을 증명할 수 있을까.

그가 구속되어 있다는 것 자체가 얼마나 안심되는 일이었는가를 오늘 알겠다. 윤석열이 구속되고 내가 꼬박 이틀을 잤다. 계엄 이후로 오늘이 가장 불안하다.

─ 3월 10일 월요일 오후 세시 사십이분

윤석열은 금요일에 구속 취소가 결정되고 하루도 되지 않아 석방되었다. 일주일은 구속 상태를 유지할 수 있으며 그 사이에 헌법재판소의 탄핵 인용 판결이 있을 수 있다는 희망 어린 예측들이 있었으나 그는 석방을 미리 준비한 것처럼 바로 빠져나갔다. 개선장군처럼 퍼레이드를 하며, 주먹을 흔들어 보이며.

초법적 존재들. 초법적 운명 공동체들.

초법적으로 자신의 이익을 도모하며 온갖 위법한 일을 저지른 자들이 법의 보호를 이토록 꼼꼼하게 받아내고 있다는 것이, 내게 너무나 큰 무력감을 안긴다. 이 사회에 강고하게, 혹은 헐겁더라도 분명하게 장벽으로 존재했던 상식, 규범, 법규. 하지만 어떤 이들은 그 모든 것을 홀로그램인 양 관통한다. 그리고 나머지는 그들이 그렇게 하는 걸 지금 매일 목격하고 있다. 저들에게는 저들의 도덕률이 있다. 나머지 다수의 세계가 비난하고 경악해도, 자기들끼리는 당연하고 자연스럽게 주고받고 납득하는, 되니까 되는,

어떤 도덕, 어떤 상식, 어떤 자연율이 저들에게 따로 있다.

윤석열이라는 이름으로 일기를 시작하고 싶지 않다.
하지만 매일 부르고 싶다.

정신에 척력으로 작용하는 이 괴리를 다스리려고, 고사리 화분을 책상 근처에 잔뜩 가져다두었다. 이게 내 요즘의 '아름다움'이다. 아름다움을 보고자, 그런 것을 곁에 두고자 하는 욕심으로 고사리를 키우고 있다. 매일 만지고, 물을 주고, 흙 상태를 살핀다. 다바나 고사리가 가장 좋다. 만지면 고불고불한 잎이 종이처럼 사각거린다. 블루스타편의 제멋대로 뻗친 청록색 이파리들도 그 굴곡이 멋지고 사자발 고사리의 애교가 느껴시는 긴 줄기도, 에버잼 고사리의 기세 있는 초록도 모두 좋다. 그간 적록색 잎에 분홍 반점이 흩어진 베고니아 잎의 아름다움을 알아보게 되었고 필로덴드론 이파리 두장 사이로 새 잎이 올라오는 것을 기대하며 기다리게 되었다. 스푼 아이비도 한 포트 받았는데 나는 아이비와 관계가 좋지 못해서 잘 클지 좀 걱정이다. 전부 고양이들이 있을 때에는 엄두를 내지 못한 식물들이다. 지지난주 원당에서 가져온 호프셀렘의 성장이 눈부시다. 작은 고깔처럼 비죽 솟은 잎이 곧 야들야들한 연두색 잎으로 펼쳐지는데 그러고 나면 하루가 다르게 쑥쑥 올라오며 넓어진다. 저 화분을 가져올 때 가장 작았던 새 잎이 지금은 가장 높은 곳에서 가장 넓게 빛을 받고 있다. 줄기도 가장 두껍다. 잎맥 중심부터 진해지는 중.

그리고 독서.

배리 로페즈의 『호라이즌』북하우스 2024을 한장씩 한장씩, 아끼며 읽고 있다. 소설로는 『홈랜드 엘레지』아야드 악타르, 열린책들 2025가 놀랍다. 도입부터 사람을 당기는 힘이 대단해 내 속도대로 읽으려고 자주 책을 덮어야 했다. 지난 소설로는 브라이언 무어의 『주디스 헌의 외로운 열정』을유문화사 2023이 뜻밖에 좋았다. 소설 읽는 재미가 이거지, 하며 읽었다. 그리고 크리스티앙 보뱅의 에세이들을 새벽에 눈물을 닦으며 읽었다. 프로데 그뤼텐의 『닐스 비크의 마지막 하루』다산책방 2025는 마음먹고 쓴 소설의 일관된 관점이 너무나 고요하게 빼어나 섬세한 피오르드 곁을 천천히 지나가는 것처럼 읽었다. 이렌 네미롭스키의 『뜨거운 피』도 좋았지. 결국 사랑과 배신이냐! 하면서도 낯선 시골 마을의 일상과 사람과 작은 공동체 내 완력 관계를 보여주는 방식이 좋아 아껴 읽었다. 다 읽은 뒤엔 조금 전까지의 독서와는 다른 면으로 또 좋았고.

지난 목요일엔.

성희 선배의 단편집이 출간되어서 겸사겸사 모였다. 선배는 아침에 신문사 인터뷰를 하고 점심을 출판사 사람들과 먹었다고 했다. '계절책방 낮과밤'에 있다는 성희 선배를 마중하려고 서점을 방문했다가 서점지기로 일하는 문진영 작가를 만났다. 대화하다가 갑자기 '향긋하다'는 말을 들었고 그 말에 기뻐 날뛰었디. 누군가에게 잠시 향긋할 수 있다니 최고의 칭찬을 들은 것 같았다. 약속 장소로 이동해야 해 서점에 오래 머물지는 못했다. 망원동 다켄씨엘에서 계속 음식과 음료를 추가해가며 저녁을 먹었다. 아홉시에 가게 문을 닫는다기에 장소를 옮겨 앉았고, 이날은 드물게 마지막까지 남았다가 함께 헤어졌다.

윤석열의 석방 장면이 내게 그랬던 만큼이나 사람들에게 안긴 충격이 상당한가보다. 헌법재판소의 탄핵 인용까지 매일 동십자각에서 저녁 집회가 열린다는 소식이 있다. 할 수 있는 걸 해야 한다는 메시지인 것 같다. 내란에 저항하는 모두가 할 수 있는 걸 해야 하는 시기이기도 하고. 지난 토요일 집회에서는 비상행동 의장단이 단식투쟁에 들어간다는 소식을 동십자각 앞에서 듣고 눈물이 찔끔 났다. 사람들이 또 몸을 다치는구나. 그게 싫다. 이날 행진은 평소보다 좀 길었는데 김보리는 잘 걷지 못했다.

오늘도 수 차례 가정한다. "탄핵이 인용되지 않는다면." 자, 그러면 어떻게 살아야 할까, 그걸 고민하면서 살아야 하겠지. 지금보다 더.

머릿속이 맑지 않다.
제대로 생각하고 싶다.

입에서 나오는 말

— **3월 12일 수요일** 오후 시간기록없음

영주역국립백두대간수목원으로 가는 열차를 취소했다.

4월에, 돌배나무 가로수 길에 꽃이 질 때 꼭 보러 오라는 허태임 선생의 당부가 있었는데.

돌배나무 꽃은 내년으로 미루기로 했다.

여름에 가도 될까.

여름에는 상황이 일단락되지 않을까.

김보리가 필라테스를 시작했다. 집 근처에 자세와 체형을 교정하는 수업을 하는 교실이 있다. 첫 수업을 받으러 가는 김보리를 따라가 참관했다. 선생이 김보리를 매트에 눕히고 이리저리 굴려보더니 어깨가 너무 굽어서 똑바로 눕기가 어려울 정도의 몸이라고 말했다. 아침에 천장을 보고 누운 자세로 눈 뜨기. 그게 김보리 수업의 첫 목표가 되었다. 바르게 눕는 법, 호흡하는 법을 배우는 과정을 구석에서 가만히 지켜보았다. 저 중요한 것을 왜 누구도 가르쳐주지 않았을까, 생각했다. 이만큼이나 살았는데, 사는 데 정말 필요한 저것을 왜 아무도 우리에게 알려주지 않았을까. 호흡이 학교 수업에 포함되었다면 어땠을까. 숨 쉬는 자기 자신을 관찰하며 갈비뼈 사이를 벌려 숨을 들이마시고, 갈비뼈 사이를 다시 꾹 조이며 숨을 내쉬고. 숨을 쉬다가 김보리는 매트에 누워 울었다. 마음대로 되지 않는 몸이나 통증 때문이 아니라 서러워 우는 것 같았다. 나까지 울 수는 없지, 하고 생각하며 눈을 부릅뜨고 있었지만 별수 없었다.

그 집엔 붉은 털 고양이가 있다. 눈이 마주친 순간부터 눈치를 슥슥 보더니 내게 다가와 비벼댔다. 김보리를 선생과 상담하도록 두고 남의 집 응접실에 앉아 오랜만에 고양이를 만졌다. 부드럽고 동동한 거품을 만지는 것 같았다.

우리 고양이들과는 털도 살결도 달랐다. 즐거웠고 그리웠다. 아직 내 손에 기억으로 남은 촉감.

정신없이 고양이를 북북 긁는데 선생이 말했다.

"물어요."

"괜찮아요."

"그러다 물어요."

"괜찮아요."

수업이 끝나고 그 집을 나서며 김보리가 "선생이 불안해서 자꾸 문다고 말하는데 왜 괜찮아" 하고 꾸짖었다. 전혀 생각하지 못했다. 고양이는 무는데, 왜 굳이 말하지, 그런 생각을 하고 있었다.

시국이 불안하고 울적해, 퇴근해 돌아온 김보리 앞에 앉아서 "이런 세상에 날 혼자 두지 마라" 하고 말했다.

— **3월 13일 목요일** 오후 세시 삼십오분

어제 일기의 뒷부분을 스크리브너 문서에 썼는데 그걸 잃었다. 열람이 되지 않는다. 기분 나쁜 글을 읽고, 윤석열 스펙트럼 어딘가에 있는 아재삘, 운운하는 글을 툴툴툴 썼는데 귀신이 다녀간 것처럼 그 문서가 잠겼다. 중요한 메모도 몇마디 있었는데. 중요하다고 생각하며 얼른 적었는데 그 중요한 것이 생각나지 않는다. 소설 실마리. 뭔지 모르게 되었다. 중요하니까 또 생각나겠지. 다음 주에 출판사 사람들을 만나기로 했다. 매를 맞겠다는 각오로 약속을 잡아두었다. 너무 오래 기다리게 했다는 것을 알고 있다. 하지만 어쩔 수 없어. 거의 매일 쓰고 있지만, 어쩔 수 없다. 대강 단념하고 싶지 않아 마감을 계속 미루고 있다. 원고 때문에 매일 길 잃은 기분으로 깼다가 잠든다. 하지만 돌이켜보면 모든 소설을 쓸 때마다 그랬다. 작업이 잘된 날엔 기고만장해 저녁 시간을 보내다가 잠들곤 했다. 그런 기억도 저런 기억도 새 원고를 시작할 때마다 잊는다. "나 소설 어떻게 썼지?" 그래서 소설 쓰기가 이러하다거나 저러하다거나, 하는 이야기를 남들 앞에서 잘 못하겠다. 소설 쓰기가 어떠한지는 쓰는 동안에만 잠시 안다. 그게 어떠하다고 말하는 동안에는 늘 거짓말하는 기분이 든다.

사이토 마리코 선생이 보내준 팔도흑당八島黑糖이 생각나 오키나와행 항공편을 알아보다가 그만두었다. 어차피 여권 만료가 얼마 남지 않았다. 이리오모테, 고하마, 요나구니, 하테루마, 다라마, 아구니, 이에, 이헤야. 선생 덕분에 오키나와 여덟개 섬에서 자란 사탕수수로 만든 흑당을 두고두고 먹었다. 맛이 다 달라서, 각 섬을 상상하며 먹는 재미가 있었다. '오키나와'를 군사기지와 식민지주의로만 연결해 생각하던 내게는 감각의 신선한 확장이었다. 환경이 저마다 다른 섬에서, 사탕수수들이 해풍을 맞으며 자라고 있구나, 생각한다. 사람들이 오늘도 거기서 사탕수수를 기르고 추수하고 압착해 흑당을 만들고 있겠구나.

김보리는 출장을 준비하느라 몇주 전에 여권을 재발급받았다. 나도 그래야 할 텐데 사진을 찍기가 싫다. 거의 모든 페이지를 채울 정도로 국경을 넘어 돌아다니던 때가 정말 있었나 싶게 어디로도 가지 않는다. 2019년 11월, 파주로 이사 오자마자 팬데믹과 아픈 고양이 돌봄이 시작되었고, 둘째 고양이를 보내고, 첫째 고양이를 보내고, 그리고 계엄이 터졌다. 그간에 광주행, 부산행 열차와 오키나와행, 도쿄행 항공편을 예약했다가 취소하기를 반복했다. 지난 몇해 동안 파주를 떠날 수 없었고 지금은 서울을, 여의도와 광화문을 떠날 수가 없다.

    날이 풀려서 먹을 것을 내주지 않았더니 까치가 점점 더 다가온다. 지금도 근처에 있다. 꽁지가 보인다. 며칠 전엔 한낮에 지붕에서 깟, 깟깟, 하고 울었다. 먹을 게 왜 없느냐고 신경질을 내는 것 같아 해바라기씨를 내놓았다. 금방 와서 먹고 갔다. 공원에 새가 많은데 다른 새가 와서 먹고 가는 걸 본 적은 없다. 이제 곧 4월이고 5월이다. 곳곳의 이팝나무에 꽃이 필 것이고 그 향기에 홀려 긴 밤 산책을 할 수 있는 시간이 올 것이다. 파주로 와서인지 몇해 전부터 이팝나무를 자주 보았다. 박근혜정부 때 가로수로 자주 심었다는 이야기를 작년에 들었다. 그에겐 그의 아버지가 '국민을 생각하는 마음'을 상징하는 나무였다고 한다. 나는 박

상진 선생의 『궁궐의 우리 나무』눌와 2001에 실린 내용으로 이팝나무를 기억하고 있었다. 흉년에 굶어 죽은 아이들을 묻은 땅 근처에 밥 대신 심었다는 나무. 만개한 꽃송이 무리가 쌀밥을 닮아 '이팝'이밥이 되었다는 나무. 정말 그랬다면 그 옛날, 꽃향기가 온 마을을 그득 채우는 때마다 어른들 마음이 얼마나 아팠겠나. 작년에 나와 이런 대화를 나눈 허태임 선생은 4월, 돌배나무 꽃이 질 때를 "세월호가 가라앉은 때"라고 말했다. "4월"보다도 먼저 입에서 나오는 말. 어떤 이들에게는.

— **3월 14일 금요일** 오후 열한시 육분

"안녕히 계세요, 사랑해요."

창 앞에 앉아 있다가 바깥에서 들려오는 말을 들었다. 어린이가 이 밤에 누군가에게 작별 인사를 건네고 있다.

— **3월 15일 토요일** 오후 아홉시 십육분

오늘도 헌재에선 아무 소식이 없다.

광화문에 가지 않고 집에서 시간을 보냈다.

생각을 다른 데 두고 싶어서 「그대들은 어떻게 살 것인가」2023를 보았다. 영화 감상이나 시청이 아니라 한 사람을, 세상을 향한 그의 피로를 목격하고 있다는 느낌이 내내 있었다. 주인공 소년에게 거의 이입하지 못한 채 영화를 보았다. 이 영화에 등장하는 여성 인물들은 상처도 맥락도 없이 오로지 '역할'을 수행한다. 육아, 가사, 임신, 파수꾼 노릇을 하면서도 피로한 기색 없이 반들반들하고 부리부리한 눈으로 세상을 보며 적극적인 호기심을 드러내고 위험한 상황에서도 활력과 생기가 넘친다. 오직 소년만 상처를 안다.

그는 세상을 만들고 붕괴를 막아온 신적 존재에게 후계가 되어달라는 부탁을 받지만 이미 저지른 폭력과 거짓 때문에 자신에게는 자격이 없다며 거절한다. 불시에 이세계로 들어선 치히로「센과 치히로의 행방불명」 2002처럼 그도 현실로 돌아온다. 이 영화의 결말엔 붕괴 직전의 세계,라는 찜찜함이 있다. 정말이지 그대들, 이제 붕괴할 뿐인 세상에서, 어떻게 살 것인가, 묻는 것처럼.

내 손은 이미 더러워서, 세상을 새롭게 구축할 책무를 이어받을 수 없다는 소년의 입장이 내게는 결벽으로 보였다. 소년을 키운 경제적, 사회적 배경인 아버지의 사업이 침략전쟁에서 사용되는 군수품이며 전쟁 자체라는 걸 두고 보면 자신과 악이 이토록 연결되어 있으니 새로운 세계 구축을 이어받을 수 없다는 거절엔 납득되는 면이 있기는 했다.

그러나 더러움은 세상의 조건이 될 수 없나.
그걸 품고도 아름다울 방법은 없나.

아니면.

특별한 한 사람이 세상 흥망의 열쇠를 쥐는 세계를 두고 소년이 현실로 돌아왔다는 점을 더 봐야 할까. 군부가 단 하나의 권력을 노리는 세계 같은 건 붕괴되도록 두고,

상처 있고 더러운 현실로 돌아와 그 현실의 부분으로 사는 것.

그러면 소년은 더 용감한 선택을 한 것인가? 그의 선조처럼 이 세계에서 다른 세계로 증발, 실종되지 않고 전쟁, 그리고 감당해야 할 후과가 있는 현실로 돌아와 어떻게 살 것인가=어떻게 세계를 만들어 갈 것인가를 (부분으로서) 생각하며 살겠다는 선택을 한 것일까. 그 선택이 영화가 제목으로 묻는 질문의 답일까?

어쨌거나 이 영화를 채운 시선 안에서, 아름다운 것은 오로지 아직 태어나지 않은 존재인 '와리와리'뿐.

찜찜함을 덜어 보려고 『에브리씽 에브리웨어 올 앳 원스』2022를 연달아 보았다. 제목을 한글로 고스란히 옮긴 데에는 피치 못할 이유가 있을 거라고, 분명 맞춤한 사자성어가 따로 있을 거라고 생각했는데 엔딩에 떠오른 자막으로 그 말을 보았다. 천마행공天馬行空. 뛰어난 재주를 가진 이를 이르는 단어라는데, 나중에 찾아보고서야 그 뜻을 알았고,

천마행공의 천夭을 천千이라고 오독했다. 천마리 말이 가는 곳방향. 다중우주가능성를 이르는 말이자, 한 사람 안의 허무를 이겨내기 위해 그 정도의 분투가 필요하다는 메시지라고 생각했다. 그렇지, 일개인의 내면에 도사린 허무란 그렇게 만만하고 하찮은 것이 아니야, 하고 생각하면서.

어느 우주에서 모녀가 돌멩이로 구를 때, 내게는 그들이 죽음으로 투신한 것이 아니고 삶을 향해 우당탕, 쏟아지는 것처럼 보였다. 죽음, 존재 중단을 목적으로 실행된 딸의 투신은 그를 살리고자 하는 어머니의 동행으로 성질이 달라진다. 그래서 그 엉망진창, 좌충우돌 낙하가 내게는 퍽 아름다웠다.

어느 것도 의미가 없으니 어느 것이나 가능하다는 메시지는 내게도 익숙했다. 삶에는 큰 의미가 없지만 그래도 괜찮다는 생각을 하며 산 적이 내게도 있다. 지금은 그것만으로는 부족하다는 것을 안다. 괜찮아지기 위해 삶을 의미 없음으로 고정하고 싶지 않다.

나는 이 모든 걸 목격하러 이 세계에 왔다.

가급적 에브리씽, 에브리웨어, 이번 한번뿐이니까 올 앳 원스.

삶의 목적과 의미를 '목격'에 두고 산 지 꽤 되었다. 태어나 보고 듣고 겪는다. 이걸 하러 나는 여기에 왔다. 아주 작은 무수한 입자들로 흩어져 있다가 어느 날 인간이라는 물리적 형태로 세상에 출현해, 기적적으로 출아해, 세상을 겪고 세상의 때가 묻은 채 다시 입자로 돌아갈 것이다. 세상을 관통한, 그리고 세상이 관통한 더러운 경험체로서.

우리가 서로를 목격하고 있으니 각자의 방식으로 다정해져야 해. 나의 목격과 나를 목격하는 다른 목격자를 위해서라도. 가급적 에브리씽, 에브리웨어, 이번 한번뿐이니까 올 앳 원스.

— **3월 16일 일요일** 오후 네시 삼십일분

무기력, 부정적 침잠, 스스로 희박해지려는 못난 욕망.
나무 이야기만이,
지금은 나무 이야기만이 좋다.

새벽에 『세계숲』을 읽었다. "아무것도 밖에 있지 않다." 23면 그 말을 읽고 난 뒤엔 더 읽기가 어려워 한동안 책을 덮고 있었다. 기뻐서 심장이 뛰었다. 내용이며 만듦새며 모든 게 아름다워서, 아까웠다. 시신경이 마저 손상되어 이런 책을 더는 눈으로 읽을 수 없게 되면 너무 서글플 것이다. 그런 생각을 했다. 기쁘고 아깝고 슬프고. 독서가 어떻게 고요한 활동인가. 좋은 책을 만나면 너무나 난리다.

― **3월 20일 목요일** 오후 열시 십구분

헌법재판소가 국회에서 탄핵된 한덕수 총리의 심판을 예고했다. "3월 24일 오전 10시에 있을 예정"◀이라고 한다. 낮에 그 뉴스를 보고 통곡했다. 언제 또 그렇게 울어봤는지 기억도 나지 않는데. 안과에서 검사를 하고 머리를 자르러 미용실로 이동하는 길에 뉴스를 보았다. 윤석열 탄핵 심판의 예고로 찰나 오독했다가 한덕수 이름을 확인했다. "이게 뭐야……." 고통스러워 얼굴이 일그러지고 소리가 터졌다. 우롱당하고, 조롱당하고 있다고 느꼈다.

난 아무렇지도 않아.

그런 말을 대놓고 들은 것 같았다.

어떻게 하면 좋을까.

이렇게 많은 사람이 마음을 졸이며 살아도

별일 없이 산다는 너희.

◀ MBC「헌법재판소 "한덕수 국무총리 탄핵심판 24일 오전 10시 선고"」, 2025. 3. 20.

— **3월 26일 수요일** 오후 열한시 삼십칠분

어제부터 계속 산불 뉴스를 보고 있다. 경상북도 의성에서 발원한 산불이 안동, 길안, 청송, 영양, 영덕으로 번지고 있다. 봉화군 물야면에서 일어난 산불은 오전에 잡혔다는 소식. 지금은 대구 달성군에도 산불이 발생해 주민들에게 대피 문자가 발송되었다는 뉴스가 나오고 있다. 서른 곳가량이 불타고 있다. 파주 삼릉 근처에서도 오늘 불이 났다.

오늘이 수요일이라는 게 믿기지 않는다. 수요일밖에 되지 않았다.

내일은 목요일이고, 어떻게든 내일은 헌재가 예고를 해야 할 것이다. 금요일이나, 늦어도 월요일엔 선고가 있어야 한다.

어제는 새벽에 너무 심장이 뛰고 우울해 울면서 누워 있었다.

그리고 어제는.

서울 강동구 싱크홀에 오토바이 운전자가 매몰되었다가 열일곱시간 만에 시신으로 발견된 사건이 있었다. 무분별한 지하철 연장 공사 때문이라는 지적도 있고 최근 몇해 동안 이어진 폭우로 약해진 도시 지반을 지적하는 의견도 있다. 지하철 공사 관계자가 이미 지난달에 붕괴를 경고했고, 주민들이 땅 균열을 신고했는데도 서울시가 "이상 없다"는 결론만 내고 별 대응을 하지 않았다는 사실도 알려졌다.▼

사고 현장을 방문한 유가족의 모습을 뉴스로 보았다.

이런 죽음은 두렵다. 내가 겪는 것만 아니고 누군가가 이런 일을 겪을까봐, 아주 어릴 때부터

일기 쓰기가 어렵네.

소설을 거의 쓰지 못했다.

▲ 경향신문 「서울시 "싱크홀 옆 주유소 바닥균열 이상 없다"… 전조증상 주장 반박」, 2025. 3. 25.

화자가 머무는 공간을 봐야 하는데 잘 보이지 않는다.

이 화자는 얼음을 쥐었다가 불을 쥘 것이다, 이것만 골똘히 생각했다.

— **3월 27일 목요일** 오후 다섯시 오십육분

나무 보러 가고 싶다.

좀처럼 기운을 낼 수가 없다. 가만히 있어도 힘이 죽죽 빠져나가는 것 같다. 어젯밤 잠자리에 들었다가 정신이 너무 산만해 잠을 설쳤는데 그 탓일까. 기운이 나지 않는다, 우울감이 심하다, 그런 말을 메시지로 적다가 겁이 나 지웠다. 그런 기분을 전염병처럼 퍼뜨리면 안 될 것 같았다. 세탁기에 타월을 넣어두기만 하고 다락방으로 올라왔다. 산불은 여전히 동으로 북으로 퍼지고 있다. 이왕에 타버렸으니 화재에 취약한 소나무 위주의 침엽수 조림을 단념하고 다양한 활엽수를 심어야 한다는 의견이 다시 나오는 모양이다. 작년에 본 사진들이 생각났다 산비탈에 선 자작나무들이 한 방향으로 휘어져 갈대처럼, 굽은 뼈처럼 보이는 사진이었다.▾ 이왕 타버렸으니, 뭘 선별해 이리저리 사용할 생각을 하지 말고 이제부터라도 내버려두면 안 되나. 나무

▲ 최병성. 오마이뉴스 「허리 휜 자작나무숲의 아우성…산림 정책 전면 재검토가 필요한 이유」(2024.11.6.) 기사 중.

들이 시간을 들여 알아서 하지 않을까……

 더불어민주당 이재명 대표가 어제 2심 판결 후에 산불 피해를 살피러 경북 안동으로 내려갔다. 그를 만난 자리에서 어느 이재민이 뭐 하다 이제 오느냐고 일갈했다는 뉴스 보도가 있었다. 또다른 노인이 "대한민국의 주권은 국민에게 있지 않느냐"고 반문하는 모습을 뉴스 영상으로 보았다. 누가 대통령이 되는가는 중요하지 않다는 말을 거기에 잇는 모습을 보고 어리둥절했다. 어리석다고 생각했다. 다른 상황이었다면 다르게 들렸을까.

 어리석음이 종종 늙음의 얼굴로 온다는 것은 기필코 늙는 존재인 내게도 섬뜩한 일이라는 생각을 하다가도. 그 어리석음이 마침내 늙음에서 개화했겠나, 인생 곳곳에 만발했을 것이다, 남의 인생을 이렇게 함부로 생각하며 앉아 있다. 시국이 이래서 헛소리하는 이들을 향한 원망과 분노가 있다.

 시국을 핑계로 미운 것을 마음껏 미워하며 분풀이하는

심보는 아니고?

어지럽고 서글프다.

그래도 슬픔이 더 커서 괜찮은 것 같다. 분노하는 마음으로는 미운 이들과 동행하기가 어렵지만 슬픔으로는 함께할 수 있지.

단념하지 말고.

나무 보고 싶다.

김보리가 왔다. 속이 좋지 않아 오늘은 저녁을 같이 먹지 못하겠다고 다락방에 남아 있다. 바깥에서 걷고 싶은데 공기 상태가 좋지 않다.

뛰고 싶다.

오늘 오후엔 이재명 대표가 경북에서 행인이 휘두른 외투에 맞는 영상을 보았다. "보기 싫어." 그렇게 외치며 다가갔다는데 내게는 그 말이 들리지 않았다. 얇은 외투를 휘두르는 그 뒷모습이 왜 내게 낯익을까. 보기 싫다는 얼굴을 때리려고 적의를 돋우며 다가가 기어코 휘두르는 그 모습. 너무도 약한.

— 3월 28일 금요일 오후 한시 오십구분

오늘도 헌재의 예고는 없다. 헌재 재판관 두명의 임기가 끝나는 4월 18일 전에 판결이 나와야 하는데. 아마 다음주가 마지노선일 것이다. 4월 4일 금요일에 판결이 있을 거라면 4월 1일 화요일 오전까지는 예고가 있어야 한다. 그날까지도 소식이 없다면 어떻게 하면 좋을까.

윤석열 탄핵안이 가결되었을 때부터 대통령 권한대행이 아홉번째 헌재 재판관 후보자인 마은혁을 임명하지 않고 버틸 거라는 예측이 있었고, 헌법재판소 재판관 몇명이 시간 끌기에 돌입할 거라는 예측도 있었다. 내란 세력의 의도대로 무언가가 진행되고 있는 것 아닌가.

불안과 분노를 쉼 없이 오간다.

어제 저녁엔 김보리가 운동하는 동안 혼자 공원을 돌았다. 평소에 잘 가지 않는 길을 통해 역까지 걸어서 소리천으로 내려갔다. 호수공원 둘레를 달리는 동안 두번 쉬었다.

역에 가는 길에.

뉴스를 들으며 걷다가 어느 집 마당 가장자리에 앉은 할머니를 보았다. 봄 맞아 화단 정리를 하시나 싶어 그냥 지나갔는데 이상하게 마음에 걸렸다. 할머니가 얼굴을 내 쪽으로 치켜들고 있었다. 내게 뭔가 말을 걸지 않았나? 귀를 틀어막고 있어 듣지 못한 것 같았다. 물어나보자, 도움이 필요한 상황이 아니라면 다행이고. 그런 생각을 하고 되돌아가 괜찮으냐고 물었다. 보행기에 의지해 걷다가 턱에 걸려 넘어졌는데 한시간 넘게 일어나질 못하고 있다고 했다. 그가 일어나는 걸 도왔다. 손만 잡아달라고 해 일어나는 동안 균형을 잡을 수 있도록 잡아주었다. 손이 차가웠다. 나보다 몸도 크고 손도 큰 사람. 나도 언젠가는 이렇게 일어서는 것도 힘에 부치는 시간을 맞겠지, 하고 생각했다. 긴 외출을 예상하고 나온 건 아닌 듯 입은 옷이 얇았다. 덧옷도 없고 인조견 블라우스 차림이었다. 해가 저 컴컴하고 그 길엔 지나다니는 사람이 거의 없어 한참 더 있을 뻔했는데, 내가 그를 발견하려고 평소 가지 않는 길을 간 것 같다. 그것만으로도 어제 산책, 러닝의 목적은 다 했다.

밤사이 기온이 떨어져 오늘은 좀 춥다. 솜 조끼를 입고 다시 앉아 있다. 건축을 묘사해야 하는데 쉽지 않다. '스플릿 플로어'를 어떻게 소설 문장으로 잘 풀어 쓸 것인가. 도무지 풀리지 않아 그 구조 자체가 괴상한 거라고 한숨.

오전엔 배가 너무 아파서 배를 붙들고 앓았다.

며칠 사이 밀가루를 너무 먹었다.

김보리가 일일−日 일방구 한다며 나를 걱정했다. 요즘 자기가 볼 때에도 한번은 꼭 방구를 뀌는데 종일 어떻겠느냐고, 어디 안 좋은 게 틀림없다고 병원에 가보자고 진지하게 걱정하는 말에 웃음이 터졌다. "방구가 없으면 지금 시국에 내가 이떻게, 어?!"

내일도 광화문에 간다.

동십자각 앞에서 다섯시, 비상행동 집회가 있다.

알아보고 눈치채는 마음

— **3월 31일 월요일** 오후 두시 십구분

오전에 일어나 요거트와 호밀빵으로 아침 겸 점심을 먹었다.

『호라이즌』을 읽다가 울었다. 지금은 잘 생각나지 않는다. 무엇 때문에 눈물이 터졌을까.

찾아보니 저자가 그랜드 캐니언 노스 림을 여행할 때를 말하는 부분이었다. 고대 아메리카 선주민들의 생활 흔적을 발견했는데 6세기 동안 아무도 건드리지 않은 채 남아 있던 유적지 물건 중에서 그는 어느 것도 주머니에 넣지 않고 그 장소를 떠난다. 가지고 싶은 충동을 따르지 않고, 오래전 세상을 떠난, 그걸 만든 사람들을 존중하는 마음으로, 그리고 함께 간 고고학자들의 소명을 존중하는 마음으로. 현장에 동행한 고고학자에게 자신이 그 장소에서 아무것도 가져가지 않았다는 걸 알아줬으면 한다고 저자가 말하자 학자가 대답한다.

"예, 눈치챘습니다." 263면

존중과 다정을, 조용한 애정을 알아보고 눈치채는 마음.

사람의 마음 안에 틀림없이 그게 있다는 서술을 읽을 수 있어서, 그것이 허구가 아니라는 걸 다시금 보아서, 기뻤나보다.

헌재의 예고는 아직도 없고 사람들이 헌재에서 "사고가 났다"는 점을 인정하고 다음 단계를 모색, 준비하고 있다.

느끼기로는 12월 3일 밤 이후로 상황이 가장 나쁘다. 이 막막함은, 손쓸 수 없음에 따른 이 무기력과 황당은 누군가에게는 이미 너무나 낯익은 상태일 것이다. 세월호 유가족이 느꼈고 십년을 넘어 지금까지 느껴왔을 마음일 것이고.

이 사회의 약자들이, 소수자들이 겪어온 괴로움과 어려움을 이제 온 사회가 다 겪고 있다.

소수의 사람들이, "전장연이" 하는 이웃의 말에 가슴이 철렁하기를 거듭하다가

여성들이, 성범죄를 대하는 사법부의 지나치게 관대하고 게으른 판결에 실망하고 분노하기를 거듭하다가

참사 유가족들이, "우리 나름의 책사가, 차라리 우병우 같은 사람이 필요하다"고 느낄 정도로 거듭 좌절을 겪다가

결국 모두의 일로 번지고 말았다.

먼저 겪은 사람들이 겪는 그대로 두고 보다가 이제는 모두의 발등을 거쳐 온 몸에 불이 붙었다.

하지만 이대로 부서지는 게 좋겠다, 이런 사회, 하고 생각할 수가 없다. 많은 이들이 애쓰고 있고, 너무 많은 이들이 어렵고 아프다.

토요일인 그제.

동생들, 김보리와 넷이서 동십자각으로 시위를 나갔다가 귀가하는 길에 인사동 초입에 있는 잉어빵 노점에서 잉어빵을 한 봉지 샀다. 몇 걸음 걷는 동안에 한 봉지를 셋이서 다 먹고 더 사러 돌아갔다. 둘째 조카가 지난번에 거기서 산 잉어빵을 먹고 더 없느냐고 찾았단다. 조카 것 하나, 우리가 그 자리에서 먹을 것 하나, 둘째가 가지고 갈 것 하나, 해서 세 봉지를 달라고 했다. 세 봉지 중 한 봉지는 여기 담아 줄 수 있느냐고 빈 봉지를 들어 보이자 벌써 다 먹었느냐고, 잉어빵을 만들어 파는 노점 상인이 웃었다.

그 자리에서 잉어빵 덤을 몇개나 받아 먹었다. 상인은 사람 상대하는 게 쑥스러워 보이는 사람이었는데 세뱃돈 집어 주듯이 자, 자, 하며 자꾸 집어서 줬다.

우리 동네 가게들, 내가 은밀히 좋아하는 화곡동 상인들, 이웃들.

사람들 때문에 눈물이 난다.

삶이 얼마나 더 힘들어질까.

좋은 것, 웃음을 보면 그것이 뒤흔들리고 사라질 날이

먼저 짚이는 이런

   날들은 도대체 언제 끝날까.

   최상목 권한대행이 미국 국채를 샀다는 뉴스 보도가 있었다. 한국 경제가 망할수록 가치가 올라간다는 증권을 기획재정부 장관이라는 인간이 여태 들고 있었다. 퍼스널 컬러 테스트를 하겠다며 머저리같이 앉아 있던 모습이 내내 떠오른다.

   산불로 서른두명이 죽었다.
   얼마나 더, 그 생각을 하기 시작하면 몸이 식고 떨린다.

   오늘은 투표로 그를 대통령 자리에 올리고도 주말마다 레저를 즐기고 스포츠를 관람하러 간다는 어느 부부를 속으로 원망했다.
   너희가 만든 세상,
   죽은 사람들,
   그들을 생각해서라도

거리로 나가.

밤이라도 새워.

감기에라도 걸려.

양심이 있으면 그렇게라도 병들어.

이런 생각을 하느라 종일 비참했다.

— **4월 1일 화요일** 오후 다섯시 이십삼분

 헌재 소식. 선고 기일이 잡혔다. 4월 4일 금요일 오전 열한시.

 더불어민주당과 조국혁신당, 기본소득당, 진보당, 사회민주당 국회의원들이 국회에서 할 수 있는 방법 헌법재판소법 개정안 야당 주도로 의결, 4일까지 나흘 연속 본회의 의사일정 의결, 헌재 사무처장 국회 법제사법위원회 전체회의 출석을 다해 헌법재판소를 압박하고 시민들도 광장에 모여 헌재를 압박해 일단은 대답을 들었다.

 선고 기일 소식을 들은 것만으로도 앙금이 좀 씻겨 내려가는 것 같았다. 반가운 소식을 들어 오늘은 소설 쓰기가 좀 수월하지 않을까, 했는데 그렇지는 않았고. 가만히 있을 수 없어 산책 다녀왔다. 모자를 가져갔다. 어제는 모자를 챙기지 않고 밤 산책을 나서는 바람에 몹시 추웠다. 머리가 추우면 몸이 다 춥다.

 천천히 걸으면서 멀리 떨어진 것들을 보았다. 몇달 만

에 뉴스를 듣지 않으며 산책했다. 냇 킹 콜, 레스터 영, 세라본을 반복해 들었다. 이 풍성하고 부드러운 조화의 감각이, 리듬이 이제 필요했다. 이제야.

혼자 웃으며 바깥을 돌아다녔다.

이제 뭐가 되든 써야지.

▲ 헌법재판소법 개정안 야당 주도로 의결(KBS 「국회 법사위 소위 '임기연장' 등 헌재법개정안 야당 주도 의결」, 2025.3.31).
4일까지 나흘 연속 본회의 의사일정 의결(SBS 「야당, 운영위서 내일부터 나흘 연속 본회의 의사일정 의결」, 2025.3.31).
헌재 사무처장 국회 법제사법위원회 전체회의 출석(MBC 「"이건 헌재의 3차 내란 아닌가" 사무처장에게 대놓고 묻자」, 2025.3.31).

— **4월 3일 목요일** 오후 세시 칠분

내일 있을 헌재 발표를 기다리고 있다. 이제 한나절을 기다리면 어쨌거나 12월 3일 이후, 내란 수습의 첫번째 매듭이 풀린다.

서울서부지법에서 폭동을 일으킨 방식과 유사하게 젊은 남성들이 어제부터 헌법재판소 인근에서 반복적인 소음을 내며 소란을 일으키고 있다고 한다. 내일 서울로 갈까, 고민했는데 그만두는 것이 낫겠다. 집에서 방송을 들으며 차분하게 맞이하고 싶다. 광장에서는 소식을 바로 알기가 어렵다.

벌써 세시다. 이 시간까지 원고를 열지 못했으니 오늘은 뭘 쓰지 못할 것이나.

글을 쓰기에 가장 적합한 시간은 아무래도 새벽인데 요즘은 그 시간에 책을 읽는다. 그 시간에 그렇게 하는 게 좋다. 타인의 생각과 시선을 내 들끓는 생각과 감정 안으로 들이지 않으면 내가 지나치게 확장된다. 가장 깊이 몰입할 때 내가 사라지고 새벽에 책을 읽을 때 그게 가장 잘되고 오로지 그것만이 목적이고 그래서 좋다. 그렇게 좋은 것으로 하루를 시작하지 않으면 하루가 어렵다.

내일부터는 좀 나을까.

김보리는 한참 고민하다가 내일 반차를 냈다. 선고를 듣고 출근하겠다고 한다.

+후일 4월 4일, 6일 기록

저녁에 광화문 동십자각 앞에 다녀왔다.

이상하게 밝은 밤. 이튿날을 기다리는 사람들이 백상기념관 앞 율곡로에 자리를 잡고 앉아 있었다. 잠깐 얼굴만, 상황만 보고 올 생각이라서 아무것도 챙겨가지 않았는데 막상 가니 마음이 그 자리에 들러붙었다. 두바퀴쯤 현장 가장자리를 따라 돌다가 종이 피켓을 두장 주웠고 빈자리를 찾아 앉았다. 두꺼운 외투를 입어서 방석 없이도 괜찮을 거라고 생각하며 바닥에 앉으려는데 그 자리에 넓은 은박 스티로폼 돗자리를 깔고 앉아 있던 이들이 우리를 흘긋 보고 방석 두개를 내주었다. "사용하고, 가실 때 돌려주세요." 핑

크색 노조 조끼를 단체로 입은 걸 보니 학교 비정규직 노조원들인 것 같았다. 어디 소속이냐고 굳이 묻지는 않았다. 김보리가 받은 것은 한번 접히는 폴리염화 비닐 방석이었고 내 것은 은박을 씌운 보온 매트를 잘라 만든 조각이었는데 놀랍게 폭신했다. 평소 가지고 다니던 등산용 방석하고는 비교가 되지 않았다. 그 방석을 깔고도 엉덩이가 아프고 바닥 냉기에 금세 몸이 차가워졌던 것이 번개처럼 납득이 되었다. 내 방석은 별로 좋은 방석이 아니었던 것이다! 아무튼 빌린 방석의 밀도가 높고 폭신해 오래 앉아 있어도 바닥 냉기가 조금도 몸으로 올라오지 않았다.

　김보리가 앞자리에 앉은 사람의 팔뚝질을 보라며 내 팔꿈치를 잡아당겼다. 그 곁에 앉은 사람의 수제 야광봉이 다른 광장에서 몇번 본 적이 있어 낯이었다. 한 차례 대회가 마무리될 때까지 앉아 있다가 그 자리에서 그대로 누워 밤을 새울 작정인 사람들을 위해 자원봉사자들이 보온 매트를 깔기 시작할 때 일어났다. 방석을 돌려주었고 다시 걸어 다녔고 구호를 따라하고 집회 가장자리에 서서 「바위처럼」 율동도 따라 했다. 90년대 후반에 내가 외우던 동작보다 단순한 동작들이었다. 사실 예전 동작이 거의 기억나지 않는다. 따라 하면서 어찌나 웃었는지 김보리가 동영상으로 찍어 동생들에게 보냈다. "이러고 있다."

 현장을 떠나기 전에 마지막이니까 한번, 하고 생각하며 푸드트럭에 들러보았다. 호주 교민들이 보낸 추로스 트럭이 있어 줄을 서보았다. 줄을 관리하는 자원봉사자가 거기에도 있었다. 여기저기 고마운 사람들이 많다는 생각을 했다. 건너편 식민지 양식 건물과 그 곁에 선 벚나무가 예뻐 사진을 찍으려는데 줄이 줄어 우리도 앞으로 이동해야 했다. 자원봉사자 아저씨가 "사진 마저 찍고 이동하세요" 하고 기다려주었다. 추로스 먹고 저 나무 밑에 가서 사진 찍어보라고, 가까이 가면 더 예쁘다는 조언도 해주었다. 김보리와 추로스를 한개씩 받았다. 살면서 추로스를 먹어보기는 이번이 두번째인데 별 인상을 받지 못했던 예전 소감과는 다르게 아주 맛있었다. 보리맛이 조금 났다. 내게는 설탕이 좀 과했지만 남김없이 먹었다.

 추로스 트럭 근처에 앉아 추로스를 먹으며 달을 보고

사람들을 보았다.

패딩 아래 맨다리를 드러낸 커플이 맨발에 슬리퍼를 신고 길을 건너고 있었다. 근처에 사는 사람들일까. 아니면 그들도 도저히 집에 있을 수가 없어 잠깐 들러나보자고, 잠자리에 들기 직전 나와본 것일까.

나오는 길에 정대만 깃발을 든 기수를 보았다. 깃대에 기대 선 듯한 모습으로 좀 지쳐 보였는데 무대에 오른 발언자가 "투쟁으로 인사하겠다"고 말하자 대답하듯 깃대를 흔들었다. 발을 딱 벌리고 서서 기를 버티는 모습이 늠름해 보였다. 다가가 인사를 하고 싶었지만 낯선 사람이 말을 걸면 놀랄까 싶어 그만두었다. 12월부터 이어진 집회 내내 그에게 품은 고마움이 있다. 매번 광장에 갈 때마다 그의 깃발을 눈으로 찾곤 했고 기의 빠짐없이 그 깃발을 보았다. 광장에 나설 때마다 그걸 보고 방향을 '옳게' 찾아왔다는 안도감을 느낀 순간이 여러번이었다. 다른 깃발도 많지만 내게는 이 시국 광장의 표지가 그였다. 열렬한 응원.

김보리와 광장에서 나오며 '비건 감튀 트럭방'에서 보

낸 난방 버스를 사진으로 찍었다. "우리가 보낸 버스야" 하고 김보리에게 자랑했다. 비건 감튀 방에 사진을 올릴까 하다가 자정에 가깝고 이미 많이들 채팅창을 빠져나간 뒤라 그만두었다. 오늘이 마지막이기를 바라며 마지막 인사를 남기고 나간 사람들의 메시지를 읽었다. 사직로를 나올 때 세종대로를 건너 밤샘 집회 장소로 가는 세월호 깃발 기수를 보았다. 노란 풍선을 잇대 만든 깃발을 들고 그는 혼자 걷고 있었다. 뒷모습을 한참 보았다.

+

새벽에 발작이 일어나 침대에서 굴러 떨어졌다.

꼬집어 말할 수 없는 부위의 통증 때문에 눈을 번쩍 떴고.

숨을 들이마시지 못해 침대 밑으로 떨어졌다.

벽과 침대 사이에 끼인 채 몸을 움직이지 못했다.

김보리가 놀라서 깼다.

움직일 수가 없으니 일단은 베개를 머리 밑에 넣어달라고 부탁했다.

뜨거운 물주머니와 팥주머니를 가슴과 명치에 얹고 좀 지나서야 몸을 움직일 수 있었다.

+

냉소가 되는가.

지난 넉달 동안 길에서, 집회 현장에서, 동네에서 마주친 사람들을 생각할 때마다 생각한다. 냉소가 되나.

사는 동안에, 그게 되나.

— **4월 4일 금요일** 시간기록없음

윤석열이 오늘 파면되었다.

헌법재판소 재판관 전원 일치로 오전 열한시 이십이분에 선고되었다.

불신과 환멸과 걱정과 불안으로 말라 죽을 것 같던 마음이 단숨에 차올랐다. 세상을 향한 감感이 그렇게 또 뒤집혀서, 나는 정말 얄팍하구나, 생각했다. 헌재 앞에 모인 사람들의 함성을 뉴스로 들었다. "당신들하고 동시대를 산 덕분에 이걸 보았어, 영광입니다." 그 말을 내 집 거실에서 광장의 함성에 보탰다.

그 이름으로 시작되는 마지막 일기가 되기를 바라며 이만 마침.

— **4월 8일 화요일** 오후 여섯시 십칠분

새벽에 『호라이즌』을 읽었다. 전에 읽다 만 곳에서 이어 읽는다고 생각했는데 이미 읽은 페이지였다.

그럼에도 오늘 새롭게 아름다운 문장을 발견해 스티커를 붙여두었다. 읽은 페이지라는 것을 알고도 처음 읽는 것처럼 몰입해 읽었다. 259페이지와 260페이지에서 91페이지와 호응, 상응하는 구절들을 만났다.

"반사되고 보강되는 빛." 259면

"혼자서는 어떤 이야기도 그리 멀리까지 이끌어갈 수 없다." 91면

세상이 완전히 망할 때까지 단 한권의 책만 읽을 수 있다면 이 책을 거듭 읽겠다. 문명이란 무엇인가를 물으며 사람 보기를 단념하지 않는 그의 시선이 좋다. 인간이 자신들의 멸종을 향해 다가가고 있는 현실을, 그리고 파국적인 미래를 직감하고 있으면서도 미래의 가능성을 상상하고 과거를 소중히 대하는 태도가 좋다. 배리 로페즈는 2020년에 죽었고, 원작의 저작권은 2019년에 발생했고, 한국어 번역본은 2024년에 출간되었는데 왜 나는 이 책이 훨씬 오래전

에 내게 도착한 것 같을까. 그는 척박하고 가혹한 환경에서 살다 간 사람들의 자리를 거듭 방문하며 이 행성의 선주민들에게 믿을 구석은 무엇이었는지, 삶이 어떠했는지, 그 가혹함에도 불구하고 무엇을 아름답게 여겼는지를 목격하려고 노력한다. 그가 선주민들의 흔적을 짚어보듯 나는 그의 글을 통해 그의 탐색과 모색을 짚어본다. 저자가 내게 남긴 유품이라고 생각하면서.

뷰캐넌 베이와 스크랠링 섬과 스미스 사운드 해협과 요한 반도, 배핀 섬의 위치를 구글 지도로 찾아보았다. 지명으로 검색해도 결과가 나오지 않아 북극권을 훑어보며 비슷한 해안선을 찾는 방식으로 찾아냈다. 사람이 보일 리 없는 지도를 확대하고 확대해 한참 보았다. 175년 전, 바다 건너 어딘가에 누군가가 있다는 소문만을 듣고 얼음 바다를 건너간 선주민들을 생각했다. 혹은 기원전 500년쯤, 북쪽 끄트머리 작은 섬에 살림 소도구와 장난감을 남기고 사라진 사람들, 자연 속에 너무나 한줌인 그 사람들의 고독을.

— **4월 14일 월요일** 오후 여덟시 사분

 탄핵 이전까지 메시지가 매일 몇백개씩 쌓여 있던 비건 감튀 트럭 방이 조용하다. 나도 방을 나왔다. 집회 현장에서 감자튀김을 먹어본 적은 없다. 다른 사람들이 먹기를 바라며 푸드트럭들 앞을 지나가곤 했다. 선고 전야에, 호주 교민들이 보낸 트럭에서 추로스를 받아먹은 적은 있다. 경건한 것을 받는 사람처럼 두 팔을 위로 내밀어 긴 종이봉투에 담긴 빵을 받았다. 내가 한개, 김보리가 한개. 그걸 받고 이상하게 들떠서, 어린아이들처럼 히히덕대며 근처에 앉아 먹었다. 좋아하지도 않는 설탕을 입에 잔뜩 묻히고.

 달을 보았다.

 이상하게 따뜻하고 밝은 그 밤을 내내 잊지 못할 것 같다.

 선고가 있던 날엔 동생들과 저녁을 먹으러 서울에 갔다.

 가는 길에 보니 길가에 개나리가 다 피어 있었다. 어느새 이렇게 피었을까, 놀라워서 김보리와 꽃 얘기를 했다.

그동안 눈에 띄지도 않았는데, 갑자기 만개한 개나리가 보인다면서, 우리 마음이 그랬다면서.

　어제는 종일 가위를 생각했다. 작고 아름다운 가위를 찾는 게 왜 이렇게 어려울까. 아름다운 가위란 어쩌면 누군가 오래 사용한 가위인지도 모르겠다, 그런 건 시장에 나와 있지도 않을 거라는 생각을 하며 가위 찾기를 단념했다. 오늘은 점심에 공원을 한바퀴 돌았고 그후에 복근 운동을 했다. 계엄 이후로 유산소운동을 거의 하지 않아서 달릴 때 좀 벅찼다. 지난 주말에 막내에게 내 복직근을 만져보라고 자랑했다가 비웃음을 샀다. 내 배를 꼬집어보더니 헹, 하며 자기 복근을 만져보란다. 배가 말도 못하게 단단했다. 막내는 평일에 매일 두시간씩 유산소운동을 하고 주말에도 한 시간씩 운동을 한다. 그렇게 산 지 2년은 되었다. 기가 죽어서, 그리고 걱정도 되어서, 적당히 지방이 있어야 사람이 산다고 말하고 왔다.

　비가 또 온다.

록산 게이의 칼럼 모음집을 읽기 시작했다. 희망보다는 가능성을 믿는다는 이야기에 깊이 감응했다. 나도 그렇다, 진작 그래왔다고 중얼거리며 서문을 읽었다. 희망을 나는 믿는 것 같지 않은데 그럼에도 세상을 보는 마음엔 늘 모종의 믿음이 남아 있고 이것이 뭘까, 이것을 다른 이들은 뭐라고 부를까, 궁금했던 적이 있었다. 가능성. 너무 평범한 말이라서 그 말을 발견하는 데 오래 걸렸다. 가능성을 믿는 마음, 그걸 믿으려는 마음이 언제나 내게도 있다. 언제나 가능성은 있다.

하지만 가능성만을 바랄 수 있을 뿐인 세계는 얼마나 울적한가. 희망을 가지고 그것이 이루어진다는 것을 믿기가 너무나 어려운 세계, 그 어려움이 기본인 세계는 얼마나 낡아빠진 세계인가.

너무 낡아서, 자기 경험에서 아무것도 배우지 못하는 세계.

다만 이어질 뿐인.

세상은 죽음을 좋아하지 않는다. 세상은 삶도 좋아하지 않는다. 세상은 세상만을 좋아할 뿐이다.◀

하지만.

"그는 열렬히 그러나 저급하게 사랑한다"는 말은 가능하다. "그는 깊이 그러나 저급하게 사랑한다"는 말은 불가능하다.◀◀

내가 이 세계를 깊이 사랑한다.

◀ 크리스티앙 보뱅 『환희의 인간』, 이주현 옮김, 1984BOOKS 2021, 69면.
◀◀ 시몬 베유 『중력과 은총』, 윤진 옮김, 문학과지성사 2021, 8면.

세상의 모든 아침

— **4월 17일 목요일** 오후 시간기록없음

올해 4월 16일은 수요일.

어제 안산에 다녀왔다. 안산에서 오는 길은 안산으로 가는 길보다 늘 더 멀다. 더 오랜 시간이 걸린다. 기억식이 끝나고 도로로 나서는 시간이 평일엔 얼추 퇴근 시간이기 때문일까. 집으로 돌아오는 몸과 마음이 늘 곤하다.

네시쯤 화랑유원지 앞에 도착했다. 간이주차장 앞에서 자유대한호국단이 맞불 집회를 정리하고 있었다. 그 앞을 말없이 지나 화랑유원지 쪽으로 건너는 횡단보도 앞에 섰다. 김보리와 나 말고도 노인들이 예닐곱 모여 서서 신호를 기다리고 있었다. 선글라스를 쓴 젊은 남성이 그 노인들에게 "지귀연이 영장을 발부해 지금 대통령실이 압수 수색을 당하고 있다"고 떠들었다. 노인들이 그 말을 듣고 "우리 대통령을?" 하고 놀랐다(찾아보니 그런 뉴스는 없었다). 트렌치코트를 입고 중산모를 쓴 노인이 핸드폰 셀카봉을 치켜들고 생중계를 하고 있었다. "오늘 방송은 여기서 이만 마치고, 이제 저 안에 들어가서, 상황을 체크하겠습니다."

쓸쓸하게 그들을 보다가 똑같이 쓸쓸한 표정으로 그들을 보는 다른 행인을 보았다. 다 같이 길을 건넜다. 기억식 입구에서 노란 종이를 오려 만든 나비를 한개씩 받았다. 12월 이후 광장에서, 그리고 4월 3일 밤 사직로에서 만난 리본 깃발이 거기에 와 있었다. 저 많고 가벼운 풍선들이 바람을 다 어떻게 버틸까, 김보리와 앉아서 그런 이야기를 했다. 김보리는 풍선과 풍선을 연결한 줄이 보인다는데 내게는 보이지 않았다. '회복'과 '재건'을 말하며 '과거를 뛰어넘어' '슬픔을 안고' '미래로' '앞으로' '나아가야 한다'는 추도사를 참고 들었다. 사람들 어깨 위에서 나비들이 바람에

팔락거렸다.

 십년 하고도 일년.

 올해 기억식에서는 이 말이 반복되었다. 십년 하고도 일년.

 2014년 5월 4일, 박근혜가 진도체육관을 방문했다. 당시를 어제 그 자리에서 영상으로 다시 보았다. 십년 하고도 일년이 지난 어제, 다시 보니 거기 사람이 너무 많이 모여 있었다. 경황없이 알록달록한 봄옷을 입고 모인 사람들이 넓은 체육관을 꽉 채우고 있었다. 사람이 사는 동안에 겪기엔 너무 고통스러운 일을 거기 모인 이들이 전부 겪었다. 한 사람도 빠짐없이 그 고통에 관통당했다.

 저렇게 많은데, 한 사람도 빠짐없이.

 충격을 받고 멍하니 앉아 있는데 김보리가 왼쪽을 가리켜 보였다. 기억식에 모인 사람들 맨 뒷자리에서 검은 깃발과 노란 깃발을 열심히 흔드는 두 사람이 있었다. 김보리가 깃발에 적힌 글을 읽어주었다.

단원고 2학년 1반 문지성 학생의 아버지 문종택 씨가 앞쪽 먼 자리에서 현장을 촬영하고 있었다. 노란 점퍼를 입은 등과 하얗게 센 머리를 멀리서 보았다. 노래가 시작되고 어느 순간 그 뒷모습이 보이지 않았는데 이날 기억식에 참석한 이재명 대표에게 쪽지를 전달했다고 한다. 그 조심하는 모습을 나중에 뉴스로 보았다. 테러 위협을 받고 있는 당대표에게 그렇게 다가가도 괜찮을지, 어떻게 쪽지를 건네면 좋을지 고민하고 고심했다는 이야기를 듣고 마음이 아팠다. "죄송하지만" 세월호참사와 10·29참사 유가족이 정부 각 부처가 가지고 있는 관련 자료를 열람하는 데 동석할 수 있도록 힘을 보태달라, 그리고 대통령이 되어도 기억식에 참석해달라는 부탁을 쪽지에 적었다고 한다.▼

기억식에서 나오는 길에 종이 팩에 담긴 안산 수돗물 '상록수'를 한개씩 받았다. 건네는 얼굴이 간절해 사양할 수가 없었다. 주차장으로 돌아가는 길에 그걸 마셨다. 대시

▲ 미디어몽구 「지성아빠가 이재명후보에게 건넨 쪽지엔…」, 2025. 4. 17.

보드에 붙은 작년 나비 곁에 올해 나비를 붙여두었다. 김보리가 시동을 걸다 말고 어느 쪽이 올해 나비냐고 물었다. "더 진한 쪽이 올해 나비지." 작년 나비는 한해 동안 그 자리에서 바랬다. 김보리가 모는 차를 타고 이동할 때면 그 나비를 가만히 바라보곤 한다. 12월 4일 자정에 우리가 고속으로 도로를 달려 여의도를 향해 갈 때에도 그건 거기에 있었다.

어떤 목격은 두렵다.
나는 팽목항에 가지 않았다.

목포까지 가서도 매번 진도엔 가지 않았다.

팟캐스트 방송을 함께 만들었던 김두식 선생이 2014년 5월 어느 날 내게, "황 선생은 팽목항에 안 가요?" 하고 물은 적이 있었다.

"선생님, 제가 거길 어떻게 갑니까" 하고 화를 냈다. 선생은 황당했을 테지만 당시 내게는 터무니없는 질문이었다.

나는 내가 본 것을 글로 쓰는 사람이다. 내가 들은 것, 만진 것, 맡은 것을 글로 쓰는 사람이다. 그런 내가 시선에 욕심을 담을까봐 거기 갈 수 없었다. 관찰의 눈으로, 목격하고자 하는 눈으로 그곳을 볼까봐. "내가 이 두 눈을 가지고, 거길 갈 수가 없어." 말도 되지 않는 말을 당시에 하고는 했다.

보는 것 자체가 이렇게 두려우니 작가로서는 끝일까.

이렇게 약해서, 글쓰기가 되겠나.

그런 생각들을 하다가 반년이 넘도록 글을 쓰지 못했다.

결벽이라고 해도 어쩔 수가 없었다.

+

2023년 2월 4일.

10·29참사가 있고 백일 추모제가 열린 시청 앞 도로에서. 가장자리에 선 사람들을 비집고 들어와 맨 앞자리에 앉은 유가족들을 유심히 보고 간 어느 노인의 얼굴, 그의 뻔

뻔한 시선을 나는 안다.

   그날 그것을 보고 집으로 돌아간 그도 일기를 썼을까.
   그런 것을 생각하고 고통스러울 때가 있다.

왼쪽 팔꿈치에 붕대를 감고 앉아 있다.
책을 읽을 때 내가 그쪽에 무게를 더 싣나보다.
팔꿈치에 멍이 들어서 맨팔을 책상에 대기가 어렵다.

— **4월 19일 토요일** 오후 일곱시 오십구분

책상을 분해했다.

글을 써야겠다고 생각하고 오래 쓸 작정으로 산 책상이었다. 서울 강서구 공항동에 있던 가구점을 김보리와 방문해 골랐다. 고르는 데 오래 걸리지는 않았다. 그것보다 더 넓고 반듯하고 비싼 책상은 거기 없었다. 개별 세대 화장실도 딸려 있지 않은, 방 하나, 좁은 부엌 하나 있는 집에 냉장고도 텔레비전도 옷장도 없이 그 책상 하나만 가구로 들여 쓰기 시작했다. 맨 처음 책상을 방에 들여놓았을 땐 이제 막 글을 쓰기 시작한 작가가 감당하기엔 너무 무겁고 거대한 책상일까, 싶었는데 금방 적응했다.

25년 동안 그 위에 책을 올려 읽고 그 위에서 원고를 썼다.

줄곧 잘 쓰다가 서너해 전부터 더 작고 가볍고 낮은 책상으로 자리를 옮겼다. 재작년부터 그 책상은 그 자리에 놓여 있기만 했다. 가끔 거기서 책을 읽었고.

널판 네개로 이뤄진 단순한 구조의 책상인데 보기에도 무겁고 실제로도 무겁다. 분해하고 나니 그 무게가 다 상판

무게였다. 어떤 나무였을까. 널 한장의 무게가 그 정도라니 나무 한그루의 무게는 어땠을까, 생각했다. 그 정도 굵기와 무게가 되기까지 그가 빨아들인 공기며 흙이며 물은 또 얼마큼일까. 잘 썼다고, 고마웠다고, 상판에 엎어져 인사를 했다. 내 삶이 다할 때까지 가지고 있을 수 있다면 그것도 좋겠지마는 사용하지 않고 두기가 아깝다. 게다가 저 책상은 이제 내게 너무 무겁다. 넓은 것도 이제는 소용없다. 시력이 줄어 모니터를 바짝 당겨둔 채 써야 하니까. 분해한 책상을 차에 실어두었다. 내일 김보리가 일하는 사무실로 함께 나르기로 했다. 오래전 어느 선생이 그 책상을 버리고자 할 땐 자기에게 연락을 달라고 말한 적이 있어 잠시 그를 생각했다. 소식이 오간 지 오래여서 괜한가, 싶어 연락하지는 않았다.

바깥에 책상이 나가 있다는 것을 계속 생각하고 있다.
사물이 아니고 어느 목숨을 하나 내놓은 것 같다.

어제는 너무 무섭다고 말하며 잠에서 깼다. 무슨 꿈인

가를 꾸다가 마지막에 '박선원 의원이 얼마나 무서웠을까' 하고 생각했는데 그게 말이 되어 나왔나보다. "너무 무서워, 너무 무서워."

마지노선.
어젯밤엔 그 말을 가지고 김보리와 한참 대화했다.
살면서 나도 김보리도 이런저런 마지노선을 긋곤 했지만 이번만큼 '이것이 마지노선'이라는 것을, '여기가 마지노선'이라는 것을 분명하고 절박하게 알아본 적은 없었다. 우리 둘의 삶이 그래도 좀 '쾌적'했기 때문일까, 우리가 남들의 마지노선에서 그렇게 거리를 두고 살았기 때문에, 그런 대화를 했다. 그래서 내 마지노선, 그 선은 지금 어디쯤일까.

12월부터 4월까지의 일기를 원고로 내보낼 준비를 하며 다시 보니 그간 그 선이 조금씩 오른쪽으로 이동해왔다는 생각이 들었다. 다른 걸 생각할 여력이 없다는 이유로 계엄과 탄핵, 그것 말고 다른 것은 거의 생각하지 않았다. 김보리는 이게 보였다는 것 자체가 지금은 좀 여유를 회복

했다는 의미일 거라고 했다. 이렇게 되기까지 잘 싸워준 사람들이 있다는 뜻이라고. 우리의 마지노선, 그것은 오른쪽으로 간 것이 아니고 아래로 내려간 것이라고.

그렇지, 그렇지, 하면서도 그래도, 그래도, 하고 자꾸 말을 덧붙였다.

3월 8일, 윤석열이 석방된 이후로 열린 광장의 분위기가 그때까지와 또 달랐다는 것을 기억한다. 그의 석방을 위험스러운 징조와 위협으로 느낀 사람들이 새롭게 광장에 나타났기 때문일까, 여태까지의 광장을 아직 겪지 못한 사람들이(뉴비가…) 많아졌기 때문일까, 가장자리에 앉아 그런 생각을 하곤 했다. 그날 이후로 무대에서 발언자가 젊은 여성들의 공을 말할 때 "우리도 여기 있어" 하고 못마땅해하던 중년 여성의 중얼거림을 듣기도 했고 무대에 "왜 퀴어만" 오르느냐고 투덜대는 말을 듣기도 하고 옆에 앉은 사람의 침묵과 표정 때문에 눈치를 본 일도 있었지만 12월만큼 마음이 무겁지는 않았다.

노동자, 농민, 여성, 성소수자, 장애인, 온갖 시민, 우리가 각자의 자리에서 어떤 정체성으로 어떤 부침을 겪고 있든 불법 계엄이라는 국가 폭력에 관통당한 경험으로, 그 고통으로 이미 연결되어 있다는 감을 잃지 않는다면, 잊지 않는다면, 괜찮지 않을까.

남태령에서 한강진에서 그리고 다른 광장에서 옆 사람에게 자리를 내주고 방석을 빌려주고 그와 먹을 걸 나누며 다른 자리에서 이미 마주친 사람들이라는 걸 슬쩍슬쩍 알아본 것처럼, 앞으로 살아갈 시간 안에서 수없이 서로를 알아보고 그도 곁에 있다는 것을 눈치채면서, 살아갈 수도 있지 않을까.

그것이 가능하니까.

비올라 다 감바 연주를 더 찾다가 영화 음악으로 넘어갔다. 앨범 커버가 익숙해 프랑스어 제목으로 찾아보니 '세상의 모든 아침'Tous les matins du monde이었다. 파스칼 키냐르의 소설이 원작인 영화. 내 책꽂이 어딘가에도 그 책이 있다. 여러해 전에 한두 페이지를 읽고 도로 꽂은 뒤 다시 펼

쳐보지는 못했다. "세상의 모든 아침은 다시 오지 않는다." 그 제목이 이런 문장인 줄은 몰랐다. 그렇지. 세상의 모든 아침은 다시 오지 않는다.

이제 산책 나간다.

— **5월 1일 목요일** 오후 여덟시 팔분

윤석열, 한덕수, 최상목, 심우정, 지귀연, 그리고 조희대.

후기

나는 손상되었습니다.

엄중함을 엄중함으로 받아들였기 때문에 받은 상처로

사랑하는 것, 지키고자 하는 것이 있기 때문에 남은 상처로 손상되었고

그 일부를 일기에 담았습니다.

지난 겨울과 봄은

나름으로 삶을 가꾸며 살아도 권한을 가진 몇 사람이 작정한다면 도리 없이 휩쓸리고 뒤흔들릴 수밖에 없는 작은 존재,

내가 그것이라는 걸 실감한 국면이자 계절이었습니다.

또한 나는 작아서 자주 무력했지만

다른 작음들 곁에서 작음의 위대함을 넘치게 경험한 날들이기도 했습니다.

그래서 일기를 잘라 세상에 내보내는 데 동의할 수 있었습니다.

배수아 작가가 『불안의 서』에서 아름답게 번역한 말을 빌려 다시 쓰자면, 세상의 모든 책은 우리가 여기 있었다는 말을 하기 위한 기록일 테니 말입니다.▼

2024년 12월부터 이어진 몇달을 온전히 담았다기엔

사소하고 영 부족한 기록이지만

훗날 이날들을 돌아보는 데 작은 보탬이 되기를 바랍니다.

원고를 꼼꼼하게 보아준 이진혁 선생님,

▲ "위대한 책이 말한다. 우리는 존재했다고."(페르난두 페소아 『불안의 서』, 배수아 옮김, 봄날의책 2014, 93면)

용기를 보태준 이지영 선생님, 전성이 선생님,

디자인을 담당한 박정민 선생님, 조판을 담당한 신혜원 선생님을 비롯해

이 책을 만든 모든 분들, 고맙습니다.

그리고 이 국면을 함께 지나온 사람들,

여러분과 동시대를 살아 다행이었고, 영광이었습니다.

다른 날 다른 때 우리가 또 서로를 알아볼 수 있기를 바라며.

6월 담양에서,

정우

작은 일기

초판 1쇄 발행 2025년 7월 11일
초판 5쇄 발행 2025년 10월 17일

지은이 황정은
펴낸이 염종선
책임편집 이진혁
조판 신혜원
펴낸곳 (주)창비
등록 1986년 8월 5일 제85호
주소 10881 경기도 파주시 회동길 184
전화 031-955-3333
팩시밀리 영업 031-955-3399
         편집 031-955-3400
홈페이지 www.changbi.com
전자우편 lit@changbi.com

ⓒ 황정은 2025
ISBN 978-89-364-8085-1 03810

* 이 책 내용의 전부 또는 일부를 재사용하려면 반드시
저작권자와 창비 양측의 동의를 받아야 합니다.
* 책값은 뒤표지에 표시되어 있습니다.